# Die Weine aus Rheinhessen

Vinum
FALKEN

Vinoteca

# Die Weine aus Rheinhessen

Siglinde Hiestand
Otto Schätzel

## *Die kulinarischen Hochzeiten*

## *Die schönsten Güter, die besten Weine*

## *Gut einkaufen, klug einkellern, richtig servieren*

# *Rheinhessen – Weinland mit Tradition*

Der Fülle des Weines wegen fiel im 9. Jahrhundert das heutige Rheinhessen bei der Teilung des Karolingischen Imperiums mit den linksrheinischen Bistümern Mainz und Worms an das ostfränkische Reich, das spätere Deutschland.

Spätestens seit der Römerzeit hatte der Weinbau in diesem von der Natur mit vielen Vorzügen gesegneten Land zwischen Rhein und Donnersberg Einzug gehalten. Er hat in zwei Jahrtausenden eine einzigartige Kulturlandschaft entstehen lassen, ihre Menschen, deren Lebensweise und Mentalitäten geprägt. Die schöpferischen Kräfte des Weines haben kulturelle Leistungen möglich gemacht, deren sichtbare Zeugnisse trotz aller kriegerischer Wechselfälle unserer Geschichte bis heute erhalten geblieben sind.

Mit 26 000 Hektar Rebfläche ist Rheinhessen nicht nur das größte Weinbaugebiet in Deutschland, sondern es hat auch den größten Anteil am Export deutscher Weine in alle Kontinente. Mit der Öffnung der Märkte steht die heutige Winzergeneration vor einer riesigen Herausforderung. Der Tradition ihrer Heimat bewusst und verpflichtet, sind unsere Winzer bereit, sich dieser Herausforderung zu stellen.

*Dr. Reinhard Muth*
*Ehrenpräsident des Deutschen Weinbauverbandes*

# *Ein weites Weinland im Umbruch*

*Die Norddeutschen und die Bayern verlegen Rheinhessen gerne nach Hessen. Der Weinkenner weiß es natürlich besser: Rheinhessen ist eine uralte Kulturlandschaft auf der linken Seite des Rheins, wo der Weinbau seit fast 2000 Jahren eine große Rolle spielt.*

Das Weinland zwischen Bingen und Alzey, Mainz und Worms südlich des markanten Rheinbogens trägt seit 1816 den Namen Rheinhessen. Es hat eine jahrtausendealte Weintradition. Wer an der jährlich stattfindenden Präsentation des Weinforums im Mainzer Museum für antike Schifffahrt teilnimmt, erhält einen nachhaltigen Eindruck von den Wurzeln einer fast 2000-jährigen Weinkultur.

733 kaufte das Kloster Fulda einen Weinberg in Bretzenheim bei Mainz, 742 schenkte Karlmann, ein Onkel Karls des Großen, Kirche und Weinbergsbesitz in Nierstein (die heutige Niersteiner Glöck) dem Bistum Würzburg. Die Ingelheimer Kaiserpfalz ist Zeuge der Sympathie Karls des Großen für die klimatische Besonderheit des Ingelheimer Grunds. Im 9. Jahrhundert war der Weinbau in Rheinhessen in 88 Gemeinden belegt und 1402 erwähnten Quellen erstmals in Worms den »Rüssling« (Riesling) als Rebsorte.

Das Weingut Freiherr Heyl zu Herrnsheim in Nierstein gehört zu den rheinhessischen Erzeugern von Weltruf.

## Eine ideale Weinlandschaft

Rheinhessen ist aufgrund seiner geographischen Lage, seiner Topographie, dem Schutz durch den Donnersberg im Westen, der dichten Nähe zum Rhein sowie seiner fruchtbaren Lehm-, Löß- und Auenböden voll von natürlichen Ressourcen für einen qualitativ hochwertigen Weinbau. Im »Land der tausend Hügel«, wie

Links: Bis zum Horizont erstrecken sich Rheinhessens Reben. Weinbau hat hier eine jahrtausendealte Tradition. Und mehr und mehr Winzer setzen konsequent auf Qualität.

Rheinhessen oft genannt wird, scheint die Sonne mehr als 1500 Stunden im Jahr und mit nur 500 mm Niederschlag zählt die Region zu den Trockengebieten in Deutschland.

### Carl Zuckmayer – ein typischer Rheinhesse

Der Dichter Carl Zuckmayer, der wie kein anderer das rheinhessische Temperament verkörperte, bezeichnete die Region als die größte Völkermühle und Kelter Europas, wo Völker, Rassen und Charaktere sich vermischten. Deshalb habe sich daraus ein besonders interessanter Menschenschlag entwickelt. Carl Zuckmayer bekannte sich immer und überall zu seiner Heimat und den rheinhessischen Weinen, etwa mit den Worten: »Ich komme immer mehr auf Rheinhessenweine zurück – nicht nur aus Lokalpatriotismus, sondern wegen ihrer Fülle und Kraft, wegen ihrer Leichtigkeit und Heiterkeit. Rheinhessenweine galten bei uns immer als Lach- und Feierweine oder auf höherer Stufe, bei festlichen Anlässen, als Mozartweine.« Treffender kann man diese Region und ihre Produkte nicht beschreiben.

Steckbrief der Weinwirtschaft

26 000 ha Rebfläche
ca. 6000 Winzerbetriebe, davon 2000 Flaschenweinvermarkter

Mit 3200 ha verfügt Rheinhessen über die größte Silvaner-Rebfläche der Welt.

Die am meisten angepflanzten Rebsorten sind:
Müller-Thurgau
Silvaner
Riesling
Kerner
Die Rotweinfläche beträgt 14 %.

### Weinbauregion im Umbruch

Heute betreiben rund 3000 Betriebe im Haupterwerb Weinbau in Rheinhessen. Meist sind es so genannte Gemischtbetriebe mit Acker- und Weinbau. Zunehmend kristallisieren sich engagierte Flaschenweinerzeuger heraus, für die bei Wein Qualität vor Quantität kommt und die dieses Prinzip kompromisslos verfolgen.
Rheinhessen entwickelt sich zunehmend zur Tourismusregion. Fahrrad- und Wandertouren entlang des Rheins (von Mettenheim bis Ingelheim) oder querfeldein von Oppenheim bis Wöllstein bieten reizvolle Landschafts- und Kultur-Überraschungen.

Die älteste bekannte Weinbergslage der Welt: die Niersteiner Glöck.

## Land für Entdeckungen

Dennoch ist Rheinhessen ein unverbrauchtes Land abseits der Massenströme. Ein Land der Weite, der Ruhe, zuweilen mit versteckten Reizen. Viele Dorfkirchen stecken voller Geschichte, Romantik und kunstgeschichtlicher Kleinode aus verschiedenen Epochen. Neben den Kulturmetropolen Mainz und Worms mit ihren Domen haben bekannte Weinorte wie Oppenheim und Nierstein, aber auch viele kleinere Dörfer ein Füllhorn von Entdeckungen parat, die eine Exkursion wert sind. Mit der Zunahme des Tourismus und steigenden Besucherzahlen hat auch das Umdenken in den Köpfen der Winzer stattgefunden. Die rheinhessische Gastfreundschaft zeigt sich in zu schmucken Gutsschänken und Straußwirtschaften umgebauten und restaurierten Gutshöfen. Da wurden Pferdeställe zu Weinstuben, Scheunen und Speicher zu Gästezimmern und Hofplätze zu Weinlauben. Rheinhessen-Winzer haben sich mit Fleiß und Freude, mit Kreativität und Flexibilität zu engagierten Dienstleistern entwickelt. Lassen Sie sich überraschen!

### Die Geschichte Rheinhessens

400 n. Chr.: Rückzug der Römer, Übernahme der Weinkultur durch die Franken.
742: Schenkung von Weinbergsbesitz in Nierstein an das Bistum Würzburg. Heutige Lage »Niersteiner Glöck« ist eine der ältesten erwähnten Weinberge Deutschlands.
9. Jh. n. Chr.: Weinbau ist in 88 Gemeinden belegt.
1402: taucht der Name Riesling erstmals auf.
1816: Bildung der Provinz Rheinhessen.
1895: Gründung der Weinbaudomäne mit Schule in Oppenheim.
nach 1945: starke Ausdehnung der Rebfläche.
ab 1980: Besinnung auf klassische Rebsorten und Ausbau trockener Weine.

# *Der Weg zum Wein Ihrer Wünsche*

*Die folgenden Kapitel zeigen die Besonderheit der rheinhessischen Weine und Teilregionen und geben wertvolle Hinweise wie man der Vielfalt Herr wird, wie man sich einem fast unüberschaubaren paradiesischen Angebot nähert, um schließlich seinen individuellen Weintyp herauszufinden.*

Wer etwas finden will, muss wissen, was er sucht. Das ist eine banale Weisheit – aber doch so treffend! Auf Wein bezogen heißt das: lernen, was die Qualität ausmacht, seinen eigenen Geschmack ergründen, seine Vorlieben bestimmen und seine Bedürfnisse erkennen. Wer die Sache beim Kauf rheinhessischer Weine richtig angeht, wer sich den Überblick im Labyrinth des verworrenen Angebots verschafft, der wird kaum in die Irre gehen. Er wird für jeden Geschmack und jede Gelegenheit einen trefflichen Wein finden.

**Was die Güte eines Weins bestimmt**

Grundsätzlich sind es vier Faktoren, die den Typ und die Güte eines Weines bestimmen:

1. die Rebsorte und deren Trauben,
2. das Klima und der Boden, die in der Weinsprache mit dem Begriff »Terroir« bezeichnet werden,
3. das Können von Winzern und Weinmachern,
4. die Eigenheiten eines Jahrgangs.

Alles in allem aber ist es zum guten Ende das Zusammenwirken all dieser Elemente.
Die nebenstehenden Symbole werden Sie durch diesen Band und die ganze Buchreihe Vinoteca führen. Über die Qualität der Weine informiert die Anzahl Sterne von ★ bis ★★★★★.

Die Summe der vier Faktoren ergibt die Weinqualität

Rebsorte

Terroir

Winzer

Jahrgang

Weinqualität ★

Links: Rheinhessen ist Weißweinland. 86 Prozent der Rebfläche sind mit weißen Rebsorten bestockt. Der Anteil an Rotwein nimmt jedoch zu.

### Vier Fragen leiten die Weinwahl

Um »Ihren« Wein zu finden, sollten Sie Ihre Wünsche und Erwartungen nach folgenden Kriterien prüfen:

Welches sind meine Vorlieben? Rot oder weiß? Sanft oder herb? Leicht oder schwer? Subtil oder wuchtig?

Ist der Wein zum sofortigen Trinken oder zum Lagern bestimmt?

Zu welcher kulinarischen Gelegenheit soll er passen? Zum einfachen kalten Imbiss, zu alltäglichen Gerichten oder zum Festmahl?

Die Preisklasse ❶ – ❺: Was ist mir der Wein wert?

Welche Antworten wir Ihnen geben, zeigen die drei Porträts typischer rheinhessischer Weine rechts. Ab S. 31 leiten unsere Symbole Sie durch alle Weintypen von Rheinhessen.

### Die Vielfalt der rheinhessischen Weine

Rheinhessen steht wie kaum ein anderes Anbaugebiet für Vielfalt. Nirgends gibt es mehr Rebsorten, aber der Trend geht eindeutig zu den klassischen Gewächsen. Je nach Teilregionen haben die Weine ihren besonderen Charakter. So gibt es rassige Rieslinge vom »Roten Hang« bei Nierstein und der Rheinterrasse und füllige Burgunder aus dem Wonnegau, fruchtige und saftige Müller-Thurgau aus dem Alzeyer Hügelland sowie samtige, volle Rotweine aus Ingelheim. Die meisten Betriebe bieten sowohl Schoppenweine in Literflaschen wie auch gehobene Qualitäten an. Flaschenformen und -farben sind in Rheinhessen so vielfältig wie auch die Weine. Immer mehr Winzer wechseln von der so genannten Schlegelflasche (0,75 l) zu modernen Flaschenformen.

**Frage: Was ist der Unterschied zwischen diesen drei Flaschen? Antwort: über 20 Mark!**
Diese drei Flaschen repräsentieren die Bandbreite des Rheinhessenweines. Ein einfacher, ehrlicher Schoppenwein ist schon unter 6,– DM je Flasche zu haben. Ein guter Kabinettwein oder eine Spätlese kosten zwischen 7,– und 10,– DM. Für eine Beerenauslese aus Rheinhessen muss man bis zu 50,– DM hinlegen.

❶ ab DM 6,– / € 3,–

Beispiel eines unkomplizierten Schoppenweins:
Ein Müller-Thurgau Qualitätswein halbtrocken, feinfruchtig und rund.
Passt gut zu deftigen Speisen, zur Vesper, wie Hausmacherwurst oder Kräuterkäse.
Mehr dazu: S. 39.

❷ ab DM 10,– / € 5,–

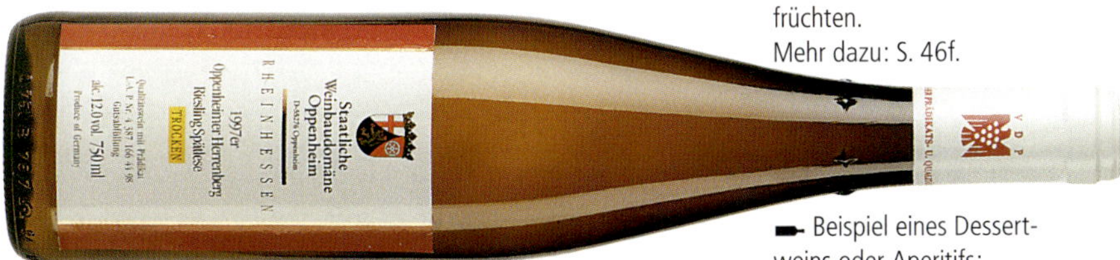


Beispiel eines gehobenen Menüweins:
Ein hochfeiner Riesling mit Fruchtaromen von Pfirsich und Aprikosen.
Zu Spargel mit Sauce hollandaise oder zu Meeresfrüchten.
Mehr dazu: S. 46f.

❹ ab DM 30,– / € 15,–

Beispiel eines Dessertweins oder Aperitifs:
Honigsüße, vollmundige Beerenauslese.
Passt zu Weincreme, aber auch zu pikantem Blauschimmelkäse.
Mehr dazu: S. 46f.

# *Vielfalt in Weiß*

Müller-Thurgau

Die Rebe ist anspruchslos und die Trauben reifen früh. Oft ist die Vollreife schon Mitte September erreicht. Die Weine besitzen ein feines Aromaspiel und duften nach grünem Apfel, Zitrone oder Geranie mit einem Hauch Muskat.

Die rheinhessischen Winzer gelten als experimentierfreudig beim Anbau neuer Rebzüchtungen. Über 30 Rebsorten werden in den Weinbergen gepflanzt. Immer mehr Winzer konzentrieren sich auf die wichtigsten Sorten, die am jeweiligen Standort am besten gedeihen.

**Müller-Thurgau**

Mengenmäßig steht der Müller-Thurgau mit rund einem Viertel der Anbaufläche an der Spitze in Rheinhessen. Der Wein ist ein idealer Zechwein. Er hat einen angenehmen Muskatton, der sich mit der Blume des Rieslings verbindet. Die Säure ist nicht so ausgeprägt wie beim Riesling. In letzter Zeit wird unter dem Synonym »Rivaner« ein leichter, spritziger, trockener, weniger fruchtbetonter Wein angeboten. Müller-Thurgau sollte jung getrunken werden.

Silvaner

Rheinhessen zählt mit 3200 ha zu den bedeutendsten Silvaner-Gebieten der Welt. Trockene Silvaner passen zu Fisch, Spargel und Geflügel.

**Silvaner**

Silvaner steht an zweiter Stelle der Rebanbaufläche. Er war lange Zeit die bedeutendste Rebsorte in Rheinhessen und wurde später zugunsten anderer Sorten vernachlässigt. Zur Zeit erlebt er ein Comeback.

Das Bukett des Silvaners ist relativ zurückhaltend. Er spiegelt eher den Boden wider, auf dem er gewachsen ist. Von Gesteins- und Kiesböden können auch fruchtigere Silvaner gewonnen werden. Von schweren Böden präsentiert sich der Silvaner wuchtig und gehaltvoll. Die Säure ist milder als beim Riesling. Silvaner ist ein guter Speisenbegleiter. Paradestück ist der Rheinhessen Silvaner trocken, der unter der Marke »RS« von verschiedenen Winzern unter einem einheitlichen Etikett vermarktet wird.

## Riesling

Unbestritten ist Riesling die Königin unter den weißen Rebsorten. Die Frucht mit dem eleganten Pfirsichduft ist saftig und erfrischend, die rassige Säure gibt dem Wein Struktur und einen eleganten bis herzhaften Nachklang. In allen Qualitätsstufen vom einfachen Qualitätswein bestimmter Anbaugebiete (QbA) bis hin zum edlen Eiswein stellt die Traube ihre Fähigkeiten unter Beweis.

Riesling

Er kann rassig und fruchtig sein, würzig und säurebetont, herb oder vollsüß. Im edelsüßen Bereich ist Riesling viele Jahrzehnte haltbar. Mit der Zeit kann er eine feinbittere Petrolnote im Aroma entwickeln.

## Weißburgunder

Diese Sorte ist auch unter dem französischen Namen Pinot blanc bekannt. Entstanden ist sie aus einer natürlichen Mutation des Grauburgunders. Im Gegensatz zum Grauen Burgunder sind die Weine aus der Sorte Weißburgunder aber von einer angenehmen Spritzigkeit. Diese Wärme liebende, anspruchsvolle Sorte besitzt eine vorzügliche Eignung für den Ausbau in der Barrique (kleines Eichenholzfass). Im Duft ist sie mit ihrer leichten Fruchtigkeit relativ zurückhaltend. Deswegen ist sie bei den Winzern auch für die Sektherstellung beliebt.

Weißburgunder

Die Rebsorte erfordert gute Böden und reift mittelspät. Die Weine haben ein sanftwürziges Bukett und eine angenehme Säure.

## Kerner

Der Kerner bringt markante, fruchtige und fein-duftige Weine mit lebendiger Säure hervor. Manchmal erinnern die Weine an den Riesling mit einem feinem Muskatton.

## Scheurebe

Reife Weine haben eine rassige Säure und ein volles Bukett mit einem typischen Ton, der an die Frucht der schwarzen Johannisbeere erinnert. Besonders ansprechend sind die edelsüßen Spezialitäten dieser Sorte, die sehr gut lagerfähig sind.

# *Die roten Rheinhessen*

Nicht nur in Ingelheim, wo schon Karl der Große Burgunderreben anpflanzen ließ, sondern in ganz Rheinhessen wird Rotwein erzeugt. 14 Prozent der Rebflächen sind inzwischen mit Rotweinreben bepflanzt. Neben klassischen Sorten wie dem Spätburgunder bauen rheinhessische Winzer zunehmend auch rote Rebsorten an, die es hier noch nicht lange gibt: Cabernet Sauvignon, Merlot oder die neue, pilzresistente Sorte Regent, die einen außerordentlich kräftigen, tiefdunklen Wein ergibt.

Blauer Portugieser

Die Rebe ist anspruchslos und die Trauben sind früh reif. Die Weine besitzen ein feines Aroma von roter Johannisbeere, Sauerkirschen und Himbeeren.

**Portugieser**

An der Spitze der Anbaufläche in Rheinhessen steht die Portugieser-Rebe. Sie liefert einen frischen, süffigen Rotwein, der sich wegen seiner Bekömmlichkeit steigender Beliebtheit erfreut. Oft erzeugen die Winzer auch leichte Weißherbste oder Roséweine daraus.
In guten Jahren kann er sogar Weine mit Burgundercharakter hervorbringen. Der Portugieser schmeckt jung getrunken am besten.

**Dornfelder**

Der »shooting star« in der Rotweinszene ist ohne Frage der Dornfelder. Die robuste, wenig anfällige Rebe liefert einen häufig südländisch-kräftigen, sehr dunklen Wein. Seine feinsten Eigenschaften enthüllt er, wenn er im Barriquefass ausgebaut wird. Da die Gerbstoffe milder sind als die des Cabernet Sauvignon, wirkt der Dornfelder auf Anhieb geschmeidiger und harmonischer. Der körperreiche, nachhaltige Wein passt dann auch sehr gut zu kräftigen Speisen. Gerne versekten die Winzer den Dornfelder auch zu einem fruchtigen Rotsekt.

Der blaue Spätburgunder ist die edelste, aber auch anspruchsvollste Rotwein-Rebsorte.

**Blauer Spätburgunder**

Die höchste Qualitätsstufe unter den Rotweinsorten Rheinhessens nimmt der Blaue Spätburgunder ein. Er braucht gute und warme Lagen. Auf leicht erwärmbaren und trockenen Sand- oder Kiesböden wächst ein vollmundiger rubinroter Wein. Berühmt sind Spätburgunder aus Ingelheimer Lagen. Der samtige, körperreiche Spätburgunder gedeiht aber auch in anderen warmen Lagen Rheinhessens gut. Auch beste Sekte oder Weißherbste können aus Spätburgunder hergestellt werden.

Der Rotweinanbau in Rheinhessen gewinnt zunehmend an Bedeutung. 14 Prozent der Rebfläche sind mit roten Sorten bepflanzt.

# *Die Quelle der Kraft – der Boden*

Der Boden oder das »Terroir« spielt für die Reben und den Wein eine besondere Rolle. Fast immer spiegeln sich im Geschmack des fertigen Weines die Eigenheiten des Bodens wider. Insbesondere der relativ neutrale Silvaner bringt dies sehr deutlich zum Ausdruck.

**Von filigran bis wuchtig**

Rheinhessen liegt in dem weiträumigen Dreieck zwischen Worms, Mainz und Bingen. Über 26 000 Hektar sind mit Reben bepflanzt. Die Region wird weingeographisch in drei Bereiche aufgeteilt: Bingen, Nierstein und Wonnegau.

Von der Art der Weine betrachtet bietet sich aber eher eine Vierteilung an. Im nördlichen Teil prägt Kalkboden die Landschaft. Kernige, mitunter kantige Tropfen gedeihen dort. Zwei Städte in dieser Gegend stellen Besonderheiten dar: Bingen, dessen steile Rebberge schon zum Rheinisch-Westfälischen Schiefergebirge gehören, und Ingelheim (S. 38). Im Osten schließt sich die Rheinterrasse an. Am Roten Hang, entlang den Orten Nackenheim und Nierstein, sind die steilen Weinberge mit rotem Tonschiefer bedeckt und reichen zum Teil bis an das Rheinufer heran (S. 46f.). Nirgendwo sonst in Rheinhessen werden derart filigrane und elegante Rieslingweine erzeugt. In Oppenheim und südlich davon bestimmen Lehm-Löß-Böden die Landschaft. Dort bringen Silvaner und Weißburgunder erstaunlich feine Gewächse. Das Hügelland im Südwesten rund um die Kreisstadt Alzey ist urtümlichstes Rheinhessen. Auf den Weinbergen des Hügellandes und im Selztal herrscht schwerer Lettenboden vor. Stoffig und ausgesprochen fruchtig präsentieren sich dort die Weintypen.

Worms liegt im fruchtbarem Wonnegau. Auf Stadtgebiet liegt der Wormser Weinberg Liebfrauenstift-Kirchenstück. Von hier hat die süßliche Liebfrauenmilch zwar ihren Namen, doch heute wächst im Liebfrauenstift-Kirchenstück ein erstklassiger trockener Riesling.

Der Rote Hang bei Nierstein

Die rote Farbe des Bodens zeigt den hohen Gehalt von Eisenoxid an.

Den Wonnegau, im Süden gelegen, bedeckt fruchtbarster Schwemmboden (S. 44f.). Alles gedeiht dort derart üppig, dass die Winzer darauf achten müssen, nicht zu viel zu ernten. Wenn der Ertrag reduziert wird, winkt zur Belohnung ein besonders konzentrierter Wein.

**Von der Natur begünstigt**

In keiner anderen Gegend Deutschlands scheint die Sonne so viel wie in Rheinhessen. Am badischen Kaiserstuhl oder in der Südpfalz gibt es zwar wärmere Orte. Doch weit über 1500 Stunden Sonne und nur 500 mm Niederschlag im Jahr, eine durchschnittliche Temperatur von 10 °C verwöhnen die rheinhessische Hügellandschaft. So zählt der Raum Mainz zu den vier großen Trocken-Landschaften in Deutschland. Der Donnersberg im Westen hält Regen ab, der Hunsrück mit dem Soonwald im Norden und der Odenwald im Osten schützen vor kaltem Wind.

An der Rheinterrasse, am so genannten Roten Hang, gedeihen rassige Rieslinge. Der Wonnegau ist bekannt für seine fülligen Burgunder. Fruchtiger, saftiger Müller-Thurgau wächst im Alzeyer Hügelland.
Um Ingelheim finden rote Sorten günstige Bedingungen und liefern samtige Weine.

# *Guter Wein kommt aus einem gepflegten Weinberg*

Im modernen Weinberg werden viele Arbeiten maschinell erledigt, so zum Beispiel die Lockerung des Bodens.

Weinqualität entsteht am Rebstock. Die Arbeiten im Weinberg von der Pflanzung bis zur Ernte haben größten Einfluss auf die Traubenqualität. Erklärtes Ziel des Winzers ist es, dem Kellerwirt vollreifes und gesundes Lesegut zu übergeben. Um die Unwägbarkeiten der Natur wie zum Beispiel Winterfröste, Maifröste oder Störungen der Rebblüte durch Windeinfluss abzuwehren, ist die Auswahl der Lage, deren Hangneigung und Hangrichtung von entscheidender Bedeutung. So haben etwa die steilen Weinberge bei Nierstein, direkt am Rhein gelegen, fast eine »eingebaute« Frostsicherung im Winter und gegen die Spätfröste im Mai. In Ostrichtung gelegen, genießen sie Schutz vor westlichen Winden.

**Konkurrenz fördert die Qualität**

Wenn aber im Sommer die heißen und trockenen Tage kommen, wird das Bodenwasser dort knapp, die Reben kämpfen um genügend Feuchtigkeit. Immer tiefer schlagen sie ihre Wurzeln ins Erdreich und nehmen dabei Mineralsalze auf, die für geschmacksintensives Traubengut sorgen. Doch zu groß soll die Konkurrenz der einzelnen Pflanzen um Nahrung nicht sein, deshalb pflanzen die Winzer heute nicht mehr als 5000 Rebstöcke auf einen Hektar. Das entspricht einer Zeilenbreite von zwei Metern und einem Stockabstand von einem Meter. Die so genannte Drahtrahmenerziehung ist in Rheinhessen Standard. Die gepflegten Rebzeilen stehen also brav in Reih und Glied nebeneinander. Jede zweite Rebgasse wird begrünt, um ein Befahren im Sommer und besonders bei der Ernte zu erleichtern.

Andere Arbeiten können nur von Hand erfolgen, etwa das Schneiden von überflüssigem Laub.

In Rheinhessen werden 90 Prozent aller Trauben maschinell geerntet. Dadurch ist eine raschere Lese und Verarbeitung möglich.

**Weniger Trauben – bessere Weine**

Insbesondere die Flaschenweinbetriebe achten bereits beim Rebschnitt auf eine maßvolle Belastung des Rebstockes. Je nach Rebsorte und Lage ernten sie 70 bis 80 Hektoliter pro Hektar. Nur in wirklich fruchtbaren und wasserhaltigen Auenböden und tiefgründigen Lößböden sind bei einem Ertrag von 100 Hektolitern pro Hektar gute Weine möglich.

Mehr denn je ist die jüngere und ehrgeizige Winzergeneration auf Qualitätssteigerung bedacht. Exaktes Bearbeiten der Rebgasse, Kurzhalten der Begrünung in den Rebzeilen, insbesondere in den heißen Sommermonaten, hilft »Wasser sparen« und bewahrt die Reben vor »Trockenstress«. Das Aufbinden, das so genannte »Heften«, wird mehrheitlich noch per Hand erledigt. Es unterstützt die Sonneneinstrahlung und begünstigt die Abtrocknung der Laubwand nach einem Regenguss. In Rotweinlagen kann es ab September notwendig werden, die Traubenzone zu entblättern, um die Ausfärbung der roten Beerenhäute zu intensivieren. Tiefdunkle Rotweine sind oft das Ergebnis dieser aufwendigen vorherbstlichen Handarbeit. Bei Selektionsweinen ist die Handlese vorgeschrieben. Hierbei dürfen die Winzer nur 55 Hektoliter pro Hektar ernten. Die besondere Schwierigkeit liegt darin, höchstmögliche Öchslegrade (Zuckerwerte) zu erzielen, ohne dass sich im Lesegut Fäulnis entwickelt.

Mit der Öchslewaage wird der Zuckergehalt des Mostes bestimmt. Je höher er ist, desto mehr Alkohol wird der fertige Wein enthalten (S. 26).

# *Im Keller geht es weiter*

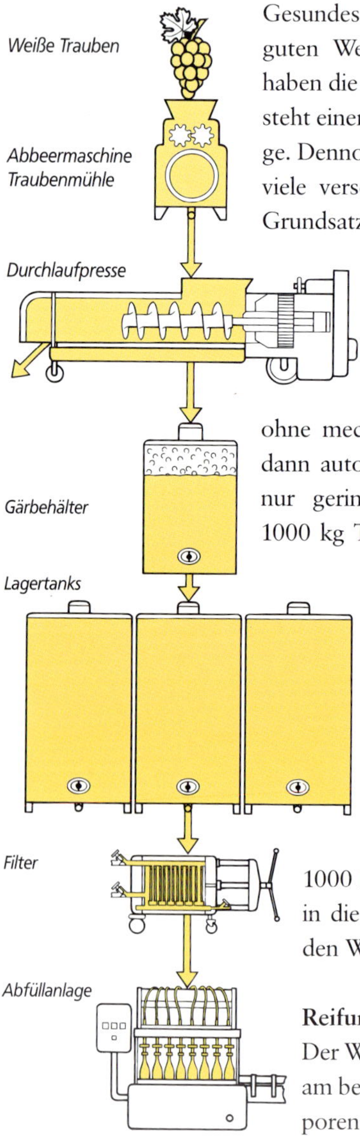


Gesundes Traubengut ist die Voraussetzung für einen guten Wein. Sind die Trauben gut ausgereift und haben die nötigen Inhaltsstoffe und Mostgewichte, so steht einem guten Wein eigentlich nichts mehr im Wege. Dennoch: So viele verschiedene Winzer es gibt, so viele verschiedene Weine gibt es zu probieren. Im Grundsatz ist das Verfahren der Weinbereitung aber einheitlich:

Die Trauben gelangen zunächst auf die *Traubenmühle.* Dort werden sie gequetscht. Den Saft, der dabei abfließt, nennt man *Vorlauf.* Er durchläuft die Kelter ohne mechanischen Krafteinsatz. Die Maische wird dann automatisch mit modernen Tankpressen unter nur geringem Druck schonend ausgepresst. Aus 1000 kg Trauben erzielt man in der Regel 750 Liter Most, der dann in Gärtanks einfließt, um dort unter kontrollierten Bedingungen (festgelegter Hefezusatz und gesteuerte Temperaturen) langsam (8–12 Tage) zu vergären. Im November, wenn die Keller kühler geworden sind, erfolgt die Trennung der Hefen vom Wein durch sorgfältigen Abstich oder Filtration. Ungefähr 30 bis 50 Liter flüssige Hefe fällt pro 1000 Liter Jungwein an, die anschließend wieder in die Weinberge zurückgebracht wird, um dort den Wingert zu düngen.

**Reifung – ein Wein braucht Zeit**

Der Wein hat nun Zeit zum Reifen. Dies geschieht am besten in Holzfässern, da hier durch die Grobporen des Holzes der Sauerstoff in der Luft besser ausgetauscht werden kann und sich so die Weine ausgeglichener und harmonischer entwickeln können. Ab Mitte Mai beginnt der Kellermeister damit, den Wein abzufüllen, »auf Flaschen zu ziehen«, wie das in der Fachsprache heißt. Danach sollten sie unbedingt noch zwei bis drei Monate ruhig lagern. Erst dann haben sie sich ausreichend entwickelt und zeigen, was in ihnen steckt. Diese so genannte Flaschenreife kann sich allerdings auch noch länger fortsetzen. Im Extremfall, wie zum Beispiel bei einem Eiswein, dauert es Jahre, sogar Jahrzehnte, bis er sein Optimum erreicht hat.

Während der Wein im Fass reift, wird er regelmäßig in Fassproben verkostet.

**Rotweinbereitung**

Im Unterschied zum Weißwein vergärt Rotwein an der Maische, das heißt mit dem Gemisch aus Beerenschalen und Kernen, aus denen er seine Farbe und die darin enthaltenen Gerbstoffe (Tannine) zieht. Je länger ein Wein auf der Maische liegt, desto kräftiger wird er in Farbe und Geschmack.

Der Wein ist auf Flaschen gezogen – da sollte er nun zwei bis drei Monate ruhen.

Beim so genannten Abstich wird der junge Wein von einem Fass in ein anderes umgepumpt und dadurch vom Bodensatz aus Hefe und Schwebeteilchen (Trub) getrennt.

# *Das Weinrecht in Rheinhessen*

Das deutsche Weinrecht von 1971 unterscheidet sich grundlegend vom Weinrecht in Frankreich und südlichen Ländern. Während dort Qualitätswein nur von einer bestimmten Fläche stammen darf und Rebsorten und Mostgewichte genau festgelegt sind, bestimmt in Deutschland die Süße des Traubenmostes die Qualitätsstufe des fertigen Weines. Ab der Stufe »Qualitätswein bestimmter Anbaugebiete« (QbA) ist zusätzlich die »Qualität im Glase« entscheidend. Bevor der Wein die amtliche Prüfungsnummer erhält, wird eine Probeflasche amtlich getestet. Es dürfen nur Moste bis einschließlich der Stufe QbA mit Zucker angereichert werden (dadurch steigt der Alkoholgehalt des Weines). Bei Qualitätsweinen mit Prädikat ist Aufzuckerung verboten.

»Qualität im Glase«

Sie wird von einer unabhängigen Kommision sensorisch geprüft.

**Die Bestimmungen für Rheinhessen:**

| Wein-Typ | Max. Ertrag pro Hektar | Mindest-Öchsle | Verkauf |
|---|---|---|---|
| Qualitätswein (QbA) | 105 hl/ha | je nach Sorte 60° bis 62° | sofort |
| Kabinett | 105 hl/ha | 73° bis 76° | ab 1. Januar nach der Ernte |
| Spätlese | 105 hl/ha | 85° bis 90° | ab 1. März nach der Ernte |
| Auslese | 105 hl/ha | 92° bis 100° | ab 1. März nach der Ernte |
| Beerenauslese | 105 hl/ha | 125° | ab 1. März nach der Ernte |
| Trockenbeerenauslese | – | 150° | ab 1. März nach der Ernte |
| Eiswein | – | 125° | ab 1. März nach der Ernte |
| Selection | 55 hl/ha | 90° | 12 Monate nach der Ernte |

**Weinetiketten sagen viel – aber nicht alles**

Das deutsche Weinetikett enthält Pflichtangaben, für die exakte Vorschriften gelten, und fakultative Angaben, die dem Weinliebhaber zusätzliche Informationen liefern.

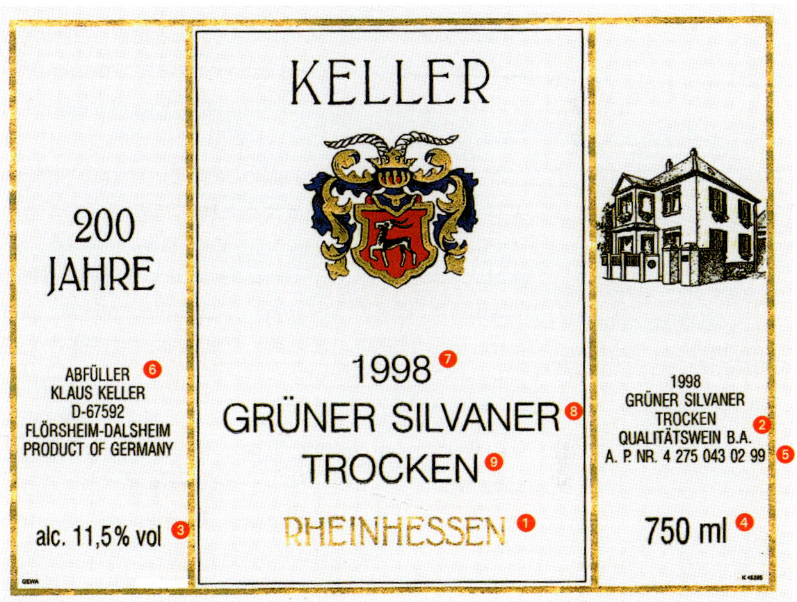


Pflichtangaben auf dem Etikett

❶ Anbaugebiet
❷ Qualitätswein bestimmter Anbaugebiete (QbA); die nächste Stufe heißt »Qualitätswein mit Prädikat« in Verbindung mit der Qualitätsstufe laut Mostgewicht
❸ vorhandener Alkoholgehalt
❹ Füllmenge der Flasche
❺ Amtliche Prüfnummer
❻ Abfüller mit Ortsangabe. Statt dem Wort »Abfüller« kann bei eigenen Trauben auch »Gutsabfüllung« stehen.

Freiwillige Angaben auf dem Etikett

❼ Jahrgang
❽ Rebsorte
❾ Geschmacksrichtung

# *Die Weinjahrgänge in Rheinhessen*

Die Haltbarkeit, die Weinentwicklung und der Zeitpunkt der Trinkreife hängen sehr stark vom Klimaverlauf eines Jahrganges ab. Allerdings sind Lagen und Rebsortenunterschiede ebenfalls von großem Einfluss, ebenso Art und Weise des Weinausbaues. Früh reifende Rebsorten auf tiefgründigen und fruchtbaren Böden reifen als Weine schneller heran als etwa Rieslinge aus Tonschieferverwitterungsböden.

Schwere Weine mit Restsüße haben, was die Lagerfähigkeit im Keller betrifft, einen »längeren Atem« als leichte und trockene Weine. Insgesamt müssen zum Beispiel Spätburgunder-Rotweine im Vergleich mit anderen Sorten aus Rheinhessen am längsten reifen, bis sie den Höhepunkt ihrer Trinkreife erreicht haben. Die optimale Trinkreife ist ein wichtiges Kriterium bei der Weinauswahl. Insgesamt lässt sich für rheinhessische Weißweine eine relativ frühe Trinkreife attestieren. Wenn sie ordnungsgemäß ausgebaut wurden, sollte für alle Weine eine Mindesthaltbarkeit von fünf Jahren erwartet werden können.

Gutes Wetter bei der Lese ist eine wichtige Voraussetzung für einen guten Jahrgang.

## Die Weinreife-Tabelle für höchsten Weingenuss

| Jahr | QbA/Kabinett | Spätlese | Auslese | Beerenauslese Eiswein | Rotwein |
|---|---|---|---|---|---|
| 1998 | ↗ | ★ | → | → | ★ |
| 1997 | → | ↗ | ↗ | ★ | ★ |
| 1996 | → | ↗ | ↗ | ↗ | ↗ |
| 1995 | ↘ | → | ↗ | ↗ | → |
| 1994 | → | → | ↗ | ↗ | → |
| 1993 | ↘ | → | → | → | ★ |
| 1992 | ↘ | → | → | ★ | ★ |
| 1991 | ↘ | ↘ | ↘ | → | ↘ |
| 1990 | ↘ | ↘ | → | ★ | ★ |
| 1989 | ↘ | ↘ | → | → | → |

Zur Qualität der Jahrgänge:
= hervorragend
= gut
= mäßig

Legende:
- → noch sehr jung, reifen lassen
- ↗ am Anfang der Trinkreife, kann noch besser werden
- ★ auf dem Höhepunkt, trinken
- ↘ Zenit überschritten, austrinken
- ○ verpasst, wäre besser schon getrunken

## Die Weinjahre in Rheinhessen ab 1989

Weine dieser Jahrgänge sind teilweise noch im Handel erhältlich.

**1998** Ertragreicher Jahrgang mit normalen bis guten, frischen Qualitäts- und Prädikatsweinen; überdurchschnittliche Rotweine.

**1997** Frostbedingt unterschiedlicher, insgesamt knapper Jahrgang von sehr guter Qualität mit niedriger Säure; farbkräftige Rotweine.

**1996** Relativ kleine Erntemenge; überraschend gute Qualitäten; sehr fruchtige Weißweine, farbintensive, kräftige Rotweine.

**1995** Mengenmäßig kleiner Jahrgang mit mittleren Qualitäten und kräftiger Säure; wenig Prädikatsweine.

**1994** Guter Jahrgang mit zahlreichen Beeren- und Trockenbeerenauslesen; lange haltbar.

**1993** Gute bis sehr gute Qualitäts- und Prädikatsweine, sehr gute Rotweine.

**1992** Alle Qualitätsstufen bis zu höchsten Prädikaten; vollreife und nachhaltige Weine.

**1991** Typischer Qualitätswein-Jahrgang mit ausgeglichener Säure.

**1990** Einer der besten Jahrgänge: klare, fruchtig-elegante Weine bis in höchste Prädikate, von langer Lebensdauer, herausragende Rotweine.

**1989** Sehr hoher Anteil an Prädikatsweinen bei hohen Flächenerträgen; volle, reife und nachhaltige Weine.

# *Die Weintypen Rheinhessens*

*Rheinhessen und seine Rebsorten bedeuten Vielfalt der Superlative. Vom feinfruchtigen Riesling über den eher neutralen Silvaner bis hin zu bukettbetonten Neuzüchtungen ist alles möglich. Grau- und Weißburgunder zählen ebenso wie der klassische Spätburgunder eher zu den Raritäten.*

Mit einer einfachen Symbolik weist die Vinoteca den Weg zum Wein, den Sie suchen. Stellen Sie die vier Fragen gemäß S. 14. Die Symbole mit den Beschreibungen geben die Antworten. Die Sterne für die Qualität werden aufgrund der entscheidenden Faktoren, Rebsorte, Terroir, Jahrgang und Winzer (S. 13), vergeben.

| | **Die Qualität** |
|---|---|
| ★ | für einen guten Alltagswein |
| ★★ | für einen feinen Sonntagswein |
| ★★★ | für einen prächtigen Festtagswein |
| ★★★★ | für einen grandiosen Paradewein |
| ★★★★★ | für einen absoluten Weltklasse-Wein |

| | **Der Weintyp / Geschmack** |
|---|---|
| | Rotwein |
| | Rosé |
| | Weißwein |

| | **Ideale Gerichte zu diesem Wein** |
|---|---|

| | **Lagerfähigkeit** |
|---|---|
| | Trinkwein |
| | Lagerwein (Angaben in Jahren nach Ernte) |

| | **Die Preiskategorien** |
|---|---|
| ❶ | unter DM 10,– / € 5,– |
| ❷ | DM 10,– bis 20,– / € 5,– bis 10,– |
| ❸ | DM 21,– bis 30,– / € 10,– bis 15,– |
| ❹ | DM 31,– bis 50,– / € 15,– bis 25,– |
| ❺ | über DM 50,– / € 25,– |

Die Vinoteca-Symbole zur Weinbeurteilung

★ Qualität

Weintyp/Geschmack

Speise-Empfehlung

Lagerfähigkeit

❶ Preiskategorie

Links: Rheinhessische Weine vom Tafelwein bis zu Beerenauslesen und Eisweinen.

# *Der Überblick über die rheinhessischen Weinregionen*

**Binger Eck (S. 39)**
**Silvaner trocken**

🍷 solider Schoppenwein
👄 passt gut zu deftigen Speisen
🍾 1–2 Jahre lagerfähig
❶ preiswert

**Selztal (S. 40f.)**
**Rheinhessen Silvaner RS trocken**

🍷 eleganter Menüwein
👄 harmoniert mit Spargel, Fisch und Geflügel
🍾 1–2 Jahre lagerfähig
❶ preiswert

**Alzeyer Hügelland (S. 42f.)**
**Rivaner QbA trocken**

🍷 frischer Menüwein
👄 schmeckt zu Pizza und Pasta
🍾 1–2 Jahre lagerfähig
❶ preiswert

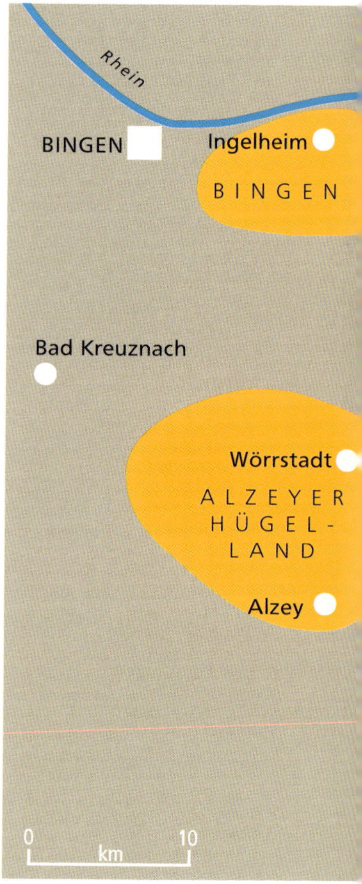

**Wonnegau (S. 44f.)**
**Portugieser Rotwein QbA trocken**

- 🍷 weicher leichter Rotweintyp
- 👄 passt zu Käse und »Backeskartoffeln«
- ▬ 3–6 Jahre lagerfähig
- ❶–❷ preiswert, auch bessere Qualitäten

**Ingelheimer Grund (S. 38)**
**Spätburgunder Rotwein QbA trocken**

- 🍷 hochwertiger Rotweintyp
- 👄 guter Begleiter zu Lamm und Wild
- ▬ durchaus 5–10 Jahre lagerfähig
- ❷–❸ gehobene Preislage

**Rheinterrasse (S. 46f.)**
**Riesling Spätlese trocken**

- 🍷 hochwertiger Menüwein
- 👄 harmoniert mit Fisch und Geflügel
- ▬ 3–6 Jahre lagerfähig
- ❶–❷ preiswert, auch gehobene Qualitäten

# *Das Problem mit den Großlagen*

Viele Weine aus Rheinhessen, die in großen Mengen über den Lebensmittelhandel verkauft werden, tragen auf dem Etikett Großlagenbezeichnungen. Das hat einen einfachen Grund: Aus großräumigen geographischen Einheiten können viele Partien von Weinerzeugern in einem großen Tank zusammengefasst und unter einer Bezeichnung verkauft werden. Leider führen die Begriffe, wenn sie mit einem Ortsnamen verbunden sind, zu der irrigen Annahme, es handle sich um einen Wein aus diesem Ort. Beispielsweise reicht die Großlage Krötenbrunnen von Mettenheim entlang der Rheinfront bis nach Oppenheim und weit ins Hinterland. Ein Normalverbraucher kann praktisch zwischen einer Einzellage aus einer eng begrenzten Fläche und einer Großlage nicht unterscheiden. Diese Irreführung wird zwar immer wieder angeprangert, aber bisher vom Gesetzgeber nicht unterbunden.

Großlagenbezeichnungen sind etwas irreführend: Was wie ein Ortsname klingt, ist bloß schöner Schein.

**Rebsortenbezeichnungen werden wichtiger**

In den letzten Jahren verlieren die Großlagenbezeichnungen auf den Etiketten aber sowieso stark an Bedeutung: Der Verbraucher orientiert sich statt an Lagen lieber an Rebsortenbezeichnungen auf dem Etikett. Und die Weinfreunde, die beim Winzer ab Hof kaufen, finden in der Weinliste sowieso meistens nur Weine aus Einzellagen oder die beliebten Guts-Cuvées ohne Lagenangaben.

## *Die rheinhessischen Großlagen*

| | |
|---|---|
| 1. Sankt Rochuskapelle | 13. Gotteshilfe |
| 2. Kaiserpfalz | 14. Petersberg |
| 3. Abtey | 15. Rheinblick |
| 4. Kurfürstenstück | 16. Krötenbrunnen |
| 5. Rheingrafenstein | 17. Vogelsgärten |
| 6. Adelberg | 18. Güldenmorgen |
| 7. Sybillenstein | 19. Spiegelberg |
| 8. Bergkloster | 20. Auflangen |
| 9. Burg Rodenstein | 21. Rehbach |
| 10. Domblick | 22. Gutes Domtal |
| 11. Liebfrauenmorgen | 23. Domherr |
| 12. Pilgerpfad | 24. Sankt Alban |

## *Die besten Einzellagen*

| **Name** | **Ort, Stadt** |
|---|---|
| Ingelheimer Pares<br>Ingelheimer Horn<br>Ingelheimer Sonnenhang | Ingelheimer Grund |
| Binger Scharlachberg | Binger Eck |
| Hahnheimer Knopf<br>Selzener Gottesgarten | Selztal |
| Flonheimer La Roche<br>Gau-Odernheimer Oelberg<br>Alzey-Weinheimer Kapellenberg<br>Albiger Hundskopf | Alzeyer Hügelland |
| Westhofener Aulerde<br>Bechtheimer Rosengarten<br>Bechtheimer Hasensprung<br>Gundersheimer Höllenbrand | Wonnegau |
| Mettenheimer Michelsberg<br>Alsheimer Frühmesse<br>Guntersblumer Autenthal<br>Oppenheimer Sackträger<br>Niersteiner Pettenthal<br>Niersteiner Oelberg<br>Nackenheimer Rothenberg<br>Bodenheimer Hoch | Rheinterrasse |

Die Tücke des Gesetzes

Weine mit einer Großlagen-Bezeichnung täuschen eine genau lokalisierbare Herkunft vor, dabei kann der Inhalt der Flasche aus einem weiten Gebiet stammen. Kenner geben Einzellagen den Vorzug.

# *Die neuen Klassiker: RS, Selection, Winzersekt*

Mitte der Achtzigerjahre besannen sich ehrgeizige Winzer aus Rheinhessen auf ihre Traditionsrebsorte, den Silvaner. Sie drosselten die Erträge, kombinierten Tradition mit Fortschritt in der Kellerwirtschaft und strebten selbstbewusst nach einem klassisch trockenen Menüwein. Dieser sollte ein flüssiges Abbild der hügeligen Landschaft Rheinhessens werden. Schwungvoll, mit herbem Charme und einer Nuancenvielfalt, die zum Entdecken einlädt.

RS passt als Menüwein ideal zu Spargel und zu feinem Gemüse, zu den verschiedensten Fischvariationen und Früchten des Meeres, er ist ein ausgezeichnetes Pendant zu Geflügelgerichten und macht selbstverständlich auch zur traditionellen Festtags-Küche eine gute Figur.

**RS – Rheinhessen Silvaner**

»RS«, ausgeschrieben Rheinhessen Silvaner, trocken ist das Ergebnis dieser Idee. Ausgestattet mit einem markanten schwarzgelben Etikett als Erzeugerabfüllung mit der persönlichen Note des jeweiligen Winzers. Das RS-Programm sieht einen Wein vor, der trocken schmeckt und durch feine Frucht überzeugt.

**Selection Rheinhessen – ein Zeichen für Qualität**

Ein noch anspruchsvolleres Programm ist die Selection Rheinhessen. Winzer, die dabei mitmachen wollen, unterwerfen sich einem strengen Reglement. Erlaubt sind nur klassische Rebsorten: Riesling, Silvaner, Grauburgunder, Weißburgunder, Traminer, Spätburgunder und Portugieser. Die Reben müssen mindestens 15 Jahre alt sein und der Ertrag ist begrenzt auf 55 Hektoliter pro Hektar, wobei die Lese klassisch von Hand erfolgen muss.

Der Most muss Spätlese-Qualität (90 Öchslegrad) haben, was später aber nicht auf dem Etikett steht. Die Geschmacksrichtung ist grundsätzlich trocken. Es sollen »Weine zum guten Essen« sein. Die Selection Rheinhessen verkörpert Weine, die ihre regionale Identität bewahren und dabei den internationalen Vergleich nicht zu scheuen brauchen.

Ein Wein, der dieses Gütesiegel trägt, muss ein Mostgewicht von mindestens 90 Öchslegrad aufweisen.

### Winzersekt

Der Sektkonsum ist in den vergangenen Jahren gestiegen, doch die einheimischen Winzer hatten nur wenig davon. In einem gnadenlosen Preiskampf setzten die Sektkellereien auf Masse mit Billigprodukten und preiswerten Import-Grundweinen. Um auch kleineren Winzern die Möglichkeit zur Herstellung ihres eigenen Sektes zu geben, wurde im September 1981 die Erzeugergemeinschaft Winzersekt gegründet. Mit rund 900 Mitgliedern und über 2 Millionen erzeugten Flaschen ist die Erzeugergemeinschaft heute eine der größten deutschen Sektmanufakturen, die nach dem klassischen Flaschengärverfahren versektet. Bewusst werden strenge Maßstäbe schon bei den Grundweinen angelegt. Etwa die Hälfte der angebotenen Grundweine lehnt die Prüfkommission der Erzeugergemeinschaft ab, weil sie den hohen Anforderungen der analytischen und sensorischen Prüfungen nicht gerecht werden. Das Ergebnis lässt sich denn auch bei den sortenreinen Jahrgangssekten schmecken.

Um sich auf dem hart umkämpften Schaumweinmarkt durchzusetzen, werden strenge Qualitätsmaßstäbe angelegt.

| Wein | ★ | [1] | [2] | | ❶ |
|---|---|---|---|---|---|
| Rheinhessen Silvaner | ★★ | feiner Menüwein | Fisch, Spargel, Geflügel | 1–2 Jahre | ❶ |
| Selection Rheinhessen | ★★★★ | hochkarätiger Menüwein von internationaler Klasse | kräftige, pikante Speisen | 2–3 Jahre | ❷ |
| Winzersekt | ★★★ | Sekt der Oberklasse (klassische Flaschengärung) | hochwertiger Aperitif, auch als Speisenbegleiter | 1–2 Jahre | ❷ |

[1] trinkreife Jahrgänge: S. 29; [2] ideale Speisen zum Wein: S. 52

# *Rotwein von Ingelheim, Riesling aus dem Binger Eck*

Eine Rotwein-Insel

Ingelheim bei Bingen ist weithin bekannt für seine vollen Rotweine aus der Sorte Spätburgunder.

Wer von Mainz linksrheinisch nach Westen fährt, kommt kurz vor Bingen an den so genannten Ingelheimer Grund. Wegen des hügeligen Geländes mit eher leichten Sandböden, teilweise mit Lehm-Löß-Böden bedeckt, gedeihen erstklassige Spätburgunder mit Weltniveau.

Ingelheimer Winzer mit bekannten Namen wie Julius Wasem haben die Rotweinkunst in Rheinhessen mit geprägt und weit über die Grenzen hinaus berühmt gemacht. Die Gemeinden Gau-Algesheim, Ockenheim, Großwinternheim, Schwabenheim und viele andere haben von dieser Entwicklung profitiert. Neben Spätburgundern findet man eher leichtere Rotweine aus der Rebsorte Portugieser, die auch als Roséweine und Weißherbst zu leichten Sommergerichten vorzüglich munden.

Weißherbste sind Roséweine, die nur aus einer einzigen Rotweinsorte gekeltert sein dürfen. Roséweine werden aus roten Trauben gekeltert – sie stehen nur kurze Zeit auf der Maische mit den dunklen Beerenhäuten – daher die blassrötliche Farbe.

| **Wein** | ★ | 🍷🍷[1] | 👄[2] | 🍾 | ❶ |
|---|---|---|---|---|---|
| Spätburgunder Rotwein QbA trocken | ★ – ★★★★★ | bei voller Trinkreife ein fruchtiger Rotweintyp, elegant und voll | Lammfleisch und Wild | 5–10 Jahre | ❷–❸ |
| Portugieser Rotwein QbA trocken | ★ – ★★★ | leichter Rotweintyp, jung trinkbar | Käsebrot, Gegrilltes | 1–3 Jahre | ❶ |
| Portugieser Weißherbst | ★ – ★★★ | leicht, weich und fruchtig | Alltagswein, zu Salat und leichten Speisen | 1–2 Jahre | ❶ |

[1] trinkreife Jahrgänge: S. 29; [2] ideale Speisen zum Wein: S. 52

## Das Binger Eck

Weiter westwärts gelangt man nach Bingen zum so genannten Binger Eck. Dort, wo die Nahe und der Rhein zusammenfließen, wachsen an steilen Westhängen auf Schieferböden rassige, sehr fruchtige Rieslinge. Vororte wie Kempten, Büdesheim, Dromersheim, Gaulsheim und Dietersheim sind ebenfalls bekannt für feine Rieslinge, aber auch für kraftvolle Silvaner und Müller-Thurgau-Weine. Im 19. Jahrhundert ließen sich dort Großkellereien – Sektfirmen und große Weingüter – nieder, die heute noch das Wirtschaftsleben der Stadt bestimmen. Die bedeutendste historische Gestalt, eine der größten Frauenpersönlichkeiten der Geschichte, war die heilkundige Hildegard von Bingen (1098–1179). Bekannt ist der Rochusberg, der von einer Kapelle gekrönt wird, die von weitem zu sehen ist. Von dort aus genießt man einen traumhaften Panoramablick in das Rheintal des Mittelrheins sowie in das weit ausgebreitete Rheinhessenland.

Weinberge bei Großwinternheim.

| Wein | ★ | [1] | [2] | | ❶ |
|---|---|---|---|---|---|
| Silvaner QbA trocken | ★ – ★★ | solider Schoppenwein | deftige Speisen | 1–2 Jahre | ❶ |
| Müller-Thurgau halbtrocken | ★ – ★★ | fruchtiger Wein | Alltagswein zu fast allen Speisen | 1–2 Jahre | ❶ |
| Riesling Spätlese halbtrocken | ★★ – ★★★★ | hochwertiger, rassiger Menüwein | Spargel mit Sauce hollandaise, asiatische Küche | 3–5 Jahre | ❷ |

[1] trinkreife Jahrgänge: S. 29; [2] ideale Speisen zum Wein: S. 52

# *Frische Weißweine, volle Rotweine aus dem Selztal*

Südlich von Ingelheim öffnet sich das Selztal. Orte wie Stadecken-Elsheim, Jugenheim, Hahnheim und Selzen stehen für saftige Silvaner, feine Weiße und Graue Burgunder und natürlich auch für Rieslinge und Rotwein. Die schweren Böden, aber vor allem die günstige Besonnung an leichten Südhängen bringen ausdrucksvolle, sehr nachhaltige und extraktreiche Weine hervor. Südöstlich vom Ingelheimer Grund gelangt man auf der Straße nach Großwinternheim, am Westberg vorbei in das landschaftlich schöne Selztal.

Sobald das Gelände ansteigt, wachsen Weinreben. Es sind schwere, tonreiche Böden mit hohem Kalkgehalt, die den Winzern von der Bearbeitung her im nassen Frühjahr, aber auch in den trockenen Sommermonaten Probleme bereiten. Die Winzer werden dafür aber mit ausdrucksvollen, sehr saftigen Weinen belohnt. Insbesondere der Silvaner aus Stadecken und Elsheimer Hanglagen gilt in Rheinhessen als ein »Geheimtipp«. An den Hügeln des Selztales gedeihen wuchtige Burgunder, tiefdunkle Dornfelder-Rotweine und, wenn sie kellerwirtschaftlich gut geführt werden, blumige Rieslinge mit exotischen Aromen im Nachklang.

Wein und Wandern

Das Selztal ist nicht nur ein Eldorado für Weinfreunde, sondern auch ein ideales Gebiet für Wanderungen.

Von Niederolm geht es weiter selzaufwärts, man kommt zum Hahnheimer Moosberg und zum berühmten Hahnheimer Knopf. Es sind erstklassige Südlagen, wo Rieslinge und Silvaner, aber auch Grauburgunder prächtig gedeihen. Zunehmend nutzen Hahnheimer und Selzer Winzer diese »Cru-Lage«, um dem Rotweintrend mit qualitativ hochwertigen Dornfeldern zu folgen. So schwer dort die Böden und

Auf den sanften, sonnenverwöhnten Hügeln des Selztales gedeihen prächtige Rot- und Weißweine.

Südhänge auch zu bearbeiten sind, so lohnenswert ist es, diese Weine zu probieren.

Auch in dieser reizvollen Teilregion zeigt Rheinhessen Weite und wunderschöne Abwechslung zwischen Sonnenblumen- und Winzerfeldern, aufgelockert durch Baumgruppen und an den Hängen die »brav gereihten«, gut gepflegten Weinberge. Erinnerungen und Vergleiche mit der Provence oder gar der Toskana kommen auf – obschon dieser Landstrich urtümliches Rheinhessen ist.

| **Wein** | ★ | 🍷[1] | 👄[2] | 🍾 | ❶ |
|---|---|---|---|---|---|
| Rheinhessen Silvaner trocken | ★★★ | eleganter weißer Menüwein | Spargel, Fisch und Meeresfrüchte | 1–2 Jahre | ❶ |
| Grauburgunder QbA trocken | ★★★ | weißer Menüwein | Sonntagsbraten mit dunkler Sauce | 1–5 Jahre | ❶–❷ |
| Dornfelder QbA trocken | ★★★ | internationaler Rotweintyp, tief dunkelrot | kräftiger Käse, Fleischgerichte | 2–5 Jahre | ❶–❷ |

[1] trinkreife Jahrgänge: S. 29; [2] ideale Speisen zum Wein: S. 52

# *Alzey – Heimat der Scheurebe*

Südwestlich schließt sich das Alzeyer Hügelland an, das fast nahtlos in die attraktive »Rheinhessische Schweiz« um Wöllstein übergeht. Die Landschaft steht für Rheinhessen »original«, für unverhoffte Reize, für Unverbrauchtheit und für unendliche Weite. Kleine Weindörfer schmiegen sich in die Mulden und an den Hängen gedeihen die Reben in mächtigen Lößböden. Die Rebsorten Müller-Thurgau (Rivaner) und Scheurebe stehen für Bukett und Fruchtigkeit vom Feinsten. Es gibt aber auch Porphyrböden um Alzey herum sowie in Siefersheim bei Wöllstein, wo man geschliffene Rieslinge und Weißburgunder findet.

Reben und ihre Namen

Die Scheurebe ist eine Kreuzung aus Riesling und Silvaner, die nach dem Leiter der Rebzuchtanstalt Alzey benannt wurde. Georg Scheu ist auch der Vater der Huxelrebe, sie trägt den Namen des Rebschulbesitzers Fritz Huxel.

**Ein Hauch von Süditalien**

Das Alzeyer Hügelland ist die Heimat der kleinen spitzen Weinbergshäuschen, im vorigen Jahrhundert erbaut, nach süditalienischen Vorbildern. Sie werden Trullo, in der Mehrzahl Trulli genannt. Sie sind weiß gestrichen, stehen meist an guten Weinlagen und bieten Wanderern und Radfahrern (früher natürlich Erntehelfern) Schutz vor Wind und Wetter. Die rheinhessische Hügellandschaft ist die eigentliche Kernregion Rheinhessens. Die Höfe in den Dörfern demonstrieren den einstigen Reichtum und Wohlstand der Winzer und Bauern in früheren Zeiten. Es ist lohnend, sich in den Dörfern umzusehen, Weingüter und Weinstuben zu erkunden, denn keine andere Teilregion bietet mehr Vielfalt an Rebsorten, Weinarten, Weinkultur und Naturlandschaft in vollendeter Harmonie.

In der 1909 gegründeten Alzeyer Rebzuchtanstalt, die untrennbar mit dem Rebzüchter Georg Scheu verbunden ist, sind bedeutende Kreuzungen entstanden,

Ein Stückchen Süditalien: Trullo bei Flonheim.

auf die Rheinhessenwinzer bis heute großen Wert legen. Die beiden bekanntesten sind die Huxelrebe, die saftig nach exotischen Früchten schmeckt, und selbstverständlich die Scheurebe. Aus diesen beiden Rebsorten lassen sich einzigartige Auslesen, Beerenauslesen, Trockenbeerenauslesen und in manchen Jahren auch Eisweine gewinnen.

Alzeyer Hügelland und Rheinhessische Schweiz stehen auch für hochwertige Rotweine. Insbesondere die Südlagen Albiger Hundskopf, aber auch andere südliche Rebenhänge bei Alzey-Weinheim bis hin zur Rheinhessischen Schweiz werden zunehmend von den Winzern zum Anbau von Spätburgunder genutzt.

| **Wein** | ★ | 🍷[1] | 👄[2] | 🍾 | ❶ |
|---|---|---|---|---|---|
| Rivaner QbA trocken | ★ – ★★ | trockener, frischer Wein | Pizza und Pasta | 1–2 Jahre | ❶ |
| Scheurebe Auslese | ★★ – ★★★ | idealer Aperitif oder Digestiv | fruchtige Desserts mit Obst | 5–10 Jahre | ❷–❸ |
| Huxelrebe | ★★ – ★★★ | intensives Bukett von exotischen Früchten | fruchtige Desserts, Hartkäse | 5–10 Jahre | ❷–❸ |

[1] trinkreife Jahrgänge: S. 29; [2] ideale Speisen zum Wein: S. 52

# *Weißburgunder und Portugieser aus dem Wonnegau*

Der Süden Rheinhessens gehört ganz den fruchtbaren Auen- und Schwemmböden des Wonnegaus. Dort ist die Heimat der schmelzigen Grau- und Weißburgunder und der feinsten und anspruchvollsten Portugieser Rheinhessens. Der Gundersheimer Höllenbrand – eine exzellente Südlage – ist der Ursprung für diese Tradition. Flörsheim-Dalsheim, die in Qualitätswettbewerben und Prämierungen am höchsten dekorierte Weinbaugemeinde der Welt, war fast reif für das Guinnessbuch der Rekorde. Diese Fakten zeigen die vielfältigen Ressourcen dieser interessanten Teilregion Rheinhessens.

Schon von weitem ist die Udenheimer Bergkirche ein Blickfang. Wein- und Getreideanbau gehen hier Hand in Hand.

**Frohe Weinfeste**

Dass der Wonnegau seinen Namen zu Recht trägt, zeigt sich, wenn man die bekannten Weinbergsgegen-

den Osthofen und Westhofen durchfährt. Großzügige Hofreiten und breite Straßen zeugen von wichtigen Marktflecken früherer Zeiten. Und die Winzer wissen zu feiern: Schon im Juni findet in Westhofen das Traubenblütenfest mit der Präsentation des jungen Jahrgangs statt, während die Osthofener ihr Winzerfest meistens zu Beginn der neuen Weinernte im September feiern.

Die Weinorte um Worms – Herrnsheim, Abenheim, Leiselheim – liegen nahe dem Stadtbereich dieser traditionsreichen Stadt am Rhein. Auf Wormser Stadtgebiet liegt der Weinberg Liebfrauenstift-Kirchenstück. Er war Taufpate für die süßliche Liebfrauenmilch, die in den Siebzigerjahren großen Erfolg hatte. Heute wird in dieser Lage ein brillanter, trockener Riesling angebaut – nach streng ökologischen Richtlinien, das heißt ohne Kunstdünger, synthetische Pflanzenschutzmittel und Insektizide.

Zwei berühmte Kirchen

Worms ist nicht nur auf seinen spätromanichen Kaiserdom stolz. Auf Stadtgebiet steht auch die Liebfrauenkirche, in deren Weinberg Liebfrauenstift-Kirchenstück ein rassiger Riesling wächst.

Aus dem Wonnegau stammt heute noch der größte Teil der für den Export bestimmten Liebfrauenmilchweine. Doch zunehmend gehen auch dort die Winzer zur Selbstvermarktung über und suchen Absatzchancen auf dem heimischen Markt. Im Wonnegau findet man die fülligsten Weißburgunder, die, wenn sie trocken ausgebaut sind, vorzüglich zur dortigen feinen Küche passen. Es gibt einige Feinschmeckerrestaurants, in denen es sich lohnt, diese Kombination zu testen.

| **Wein** | ★ | 🍷🍷[1] | 👄[2] | 🍾 | ❶ |
|---|---|---|---|---|---|
| Portugieser Rotwein QbA | ★★ – ★★★ | weicher, fruchtiger, samtiger Rotwein | Käse, überbackene Aufläufe | 3–6 Jahre | ❶ |
| Weißburgunder Spätlese trocken | ★★ – ★★★★ | hochwertiger, wuchtiger weißer Menüwein mit zartem Schmelz | Meeresfrüchte, Tafelspitz mit Meerrettich | 3–6 Jahre | ❷ |

[1] trinkreife Jahrgänge: S. 29; [2] ideale Speisen zum Wein: S. 52

# *Die Rheinterrasse – beste Lagen für Riesling und Silvaner*

Edelfäule

Die Edelfäule oder Edelreife wird durch den Schimmelpilz Botrytis cinerea hervorgerufen. Er durchbohrt die Beerenhäute, sodass den Beeren Wasser entzogen wird. Dadurch steigt die Zuckerkonzentration im Fruchtfleisch.

Direkt am Rhein reiht sich von Mettenheim im Süden bis Bodenheim im Norden die Perlenkette der Ortschaften an der Rheinterrasse auf. Sie genießen das Kleinklima des Rheinstromes mit dem Wärmespeicher, der Reflexion der Wasseroberfläche und der Fähigkeit zur Nebelbildung in den Spätherbsttagen. Die typischen Rebsorten wie Riesling und Silvaner kommen hierdurch in die begehrte Edelfäule und beschenken den Winzer mit feiner Auslese, Beerenauslese und Trockenbeerenauslese. Riesling und Silvaner wurden früher hier im selben Weinberg im so genannten gemischten Satz angebaut. Insbesondere der trockene Silvaner erhält in den mächtigen Lößterrassen eine besonders schöne »vegetative« Note. Sie erinnert an Kräuter der verschiedensten Art. Überragende Gewürztraminer und fruchtige, bisweilen stoffige Rieslinge findet man in den Gemeinden Alsheim und Guntersblum.

Die Katharinenkirche thront über der Stadt Oppenheim.

Mettenheimer Winzer haben aus ihren Rieslingen einen speziellen Weintyp herausgearbeitet, den sie unter dem Namen »Casimir« vermarkten.

**Weine von Weltruf**

Oppenheim mit seiner berühmten Katharinenkirche ist eine historische Weinstadt. Die 1895 gegründete Staatliche Lehr- und Versuchsanstalt für Weinbau mit angeschlossener Weinbaudomäne unterstreicht diese Tradition. Weine von der Südlage Oppenheimer Sackträger genießen Weltruhm. Über einen Höhenrücken mit Kalk-Mergelböden erreicht man in nördlicher

Richtung den berühmten Weinort Nierstein. Der so genannte »Rote Hang«, ein schmaler Streifen nur zwischen Nierstein und Nackenheim mit dem typischen rötlichen Tonschiefer-Verwitterungsboden, stellt eine geologische und topographische Besonderheit dar. Die kargen Verwitterungsböden haben ein steiles Gefälle und reichen zum Teil bis an das Rheinufer heran. Das hieraus resultierende positive Mikroklima und die Wärmespeicherkraft des Schiefers sind ideale Bedingungen für Spitzen-Rieslinge mit feinstem mineralischen Schliff. Die Fruchtnoten erinnern an Pfirsich und Aprikose. Die Winzer vom Roten Hang stellen ihre Spitzenprodukte alljährlich am zweiten Wochenende im Juni, mitten in den Weinbergen vor. Fragen Sie nach der Weinpräsentation am Roten Hang.

Sonnenverwöhnt: Der Hipping ist eine der berühmtesten Lagen von Nierstein.

| Wein | ★ | 🍷[1] | 👄[2] | 🍾 | ❶ |
|---|---|---|---|---|---|
| Riesling Spätlese trocken | ★★ – ★★★★★ | feinfruchtige Rieslinge mit Pfirsicharoma | Fisch, Geflügel | 3–6 Jahre | ❷ |
| Riesling Spätlese | ★★★★ | feine Balance zwischen Süße und Säure | asiatische Küche mit Curry, Dessert mit Apfel | 5–10 Jahre | ❷ |
| Riesling Beerenauslese | ★★★★★ | feine Honigsüße und fruchtige Rieslingsäure | verschiedene Desserts, Blauschimmelkäse | 5–20 Jahre | ❸–❹ |

[1] trinkreife Jahrgänge: S. 29; [2] ideale Speisen zum Wein: S. 52

TESCH
RIESLING

# Die kulinarischen Hochzeiten

*So groß wie die Vielfalt der rheinhessischen Weine, so breit sind auch die Kombinationsmöglichkeiten zum Essen. Früher machten die Gourmets eher einen Bogen um die Region und die gastronomisch wenig ambitionierte Landschaft zwischen Mainz, Bingen, Alzey und Worms. Inzwischen hat sich einiges geändert. Winzer und Köche entdecken Rheinhessen – und ein neues Selbstbewusstsein.*

In den Weinstuben in Mainz wurde die Tradition mit typischen Speisen der Region eigentlich immer gepflegt. *Spundekäs'* und Mainzer Handkäs' (Sauermilchkäse in Essig-Öl-Marinade, mit Pfeffer und Kümmel gewürzt und mit Zwiebeln angerichtet), gehören wie Lauchtorte, Brezeln oder Paarweck und Fleischwurst zu den Standards in den Treffs für Weinfreunde. Lange Zeit haben die übrigen Rheinhessen ihre wenigen, aber urtypischen Wurzeln regionaltypischer Speisen eher verleugnet. Die »nouvelle cuisine« mit feinen, kleinen Häppchen auf großen Tellern war angesagt, ein Kontrastprogramm zu den eher deftigen, herzhaften Speisen auf wohlgefüllten Tellern, die in Rheinhessen und in der benachbarten Pfalz gute Tradition haben. Eher für Schlemmer als für Gourmets schienen die regionalen und oft üppigen Gerichte geeignet.

Deshalb verschwiegen auch viele Winzer und Köche in Rheinhessen lange Zeit die heimische Küche vor ihren Kunden lieber, anstatt sie zu kultivieren. Im Gegensatz zu den benachbarten Pfälzern kam für die Rheinhessen erschwerend hinzu, dass gute Gastronomie in ihrer Heimat mangels Tourismus lange Zeit eher dünn gesät war.

Spundekäs', Handkäs', Paarweck

Spundekäs' ist ein mit Gewürzen und Zwiebeln angemachter Frischkäse. Handkäs' wird aus Sauermilchquark hergestellt, er ist auch als »Harzer Käse« bekannt. Paarweck ist der rheinhessische Name für ein Wasserteigbrötchen.

Links: Die vielfältigen rheinhessischen Weine passen hervorragend zu deftigen und süßen Speisen.

Ein Traumpaar: Spargel und Rheinhessen Silvaner.

Spätestens seitdem der Pfälzer Saumagen, verfeinert mit Trüffeln und frischen Grundprodukten der Region, als typisches regionales Gericht zu weltweiten Ehren kam, setzte sich die Erkenntnis durch, dass die Verbindung zwischen regionalen Produkten und internationaler Küche erfolgreich ankommt.
Folgerichtig erkennen in Rheinhessen immer mehr Köche, Betreiber von Gutsschänken und Straußwirtschaften und vor allem die Weinfreunde diese geniale Kombination.

**Zu frischen Weißweinen oder Roséweinen**

Rheinhessen ist eine bedeutende Spargelregion. Auf den sandigen Böden in der Umgebung von Mainz und Ingelheim und in der Rheinebene zwischen Guntersblum und Worms, aber auch über dem Rhein in Hessen gedeiht das zarte Gemüse unter besten Bedingungen. Viele Spargelbauern vermarkten ihre neue Ernte (teilweise unter Folie gereift) ab Mai im Direktverkauf, über den Großmarkt, die Gastronomie oder im regionalen Lebensmittelhandel. Spargel mit Omelett, Butter oder Sauce hollandaise, Schinken oder einem saftigen Steak und neuen Kartoffeln passt ausgezeichnet zu einer Wein-Spezialität der Region: zum trockenen Rheinhessen Silvaner, dem unkomplizierten, neutralen Menüwein.
Je nach Sauce harmonieren zum Spargel auch Riesling, Rosé, Müller-Thurgau und Weißburgunder Qualitätswein oder Kabinett trocken.

**Zu gehaltvollen Weißweinen**

Zum rheinhessischen Festessen gehörte früher Rindfleisch mit frischen Karotten, Lauch, Sellerie und Meerrettich. Der typische Tafelspitz war sozusagen die Vorspeise vor dem Festtagsbraten. Kräftige Weißburgunder Spätlese trocken oder ein Grauburgunder passen dazu vorzüglich.

Herzhaft gut: ein Glas Rotwein, Käse, eine Birne und ein Stück frisches Brot.

**Zu gehaltvollen Rotweinen**

*Backesgrumbeere* (Eintopf aus Schweinebauch, Kartoffeln und Zwiebeln mit Weißwein-Sahne-Sauce) und *Wingertskaninchen* (Kaninchenkeulen mit Kartoffeln in Wein und Sahne) waren früher traditionelle Gerichte in den Winzerhöfen, wie auch der *Dippehas* (»Topfhase«) mit Hasenfleisch, zu dem Kartoffelknödel und Rotkohl serviert wurden. Beliebt war das Gericht auch in abgewandelter Form mit Schweinshaxen. Heute wird das Traditionsessen wieder neu entdeckt – kalorienärmer zubereitet, aber nicht minder passend zu gehaltvollen Spätburgundern, Dornfelder oder in der Barrique (Eichenholzfass) gereiften Rotweinen.

**Zu Süßweinen**

Oft waren sie Opfer des Trocken-Fetischismus: die hochkarätigen Süßweine, Auslesen, Beerenauslesen, Trockenbeerenauslesen und Eisweine. Rheinhessen hat davon eine Menge zu bieten. Dabei passen die opulenten, nachhaltigen »Schwergewichte« grandios zur rheinhessischen Weinschaumcreme oder zum Blauschimmelkäse. Säurebetonte edelsüße Riesling-Weine harmonieren ausgezeichnet zu Frucht- und Obstsalaten mit Eis.

# *Welche Weine zu welchen Speisen?*

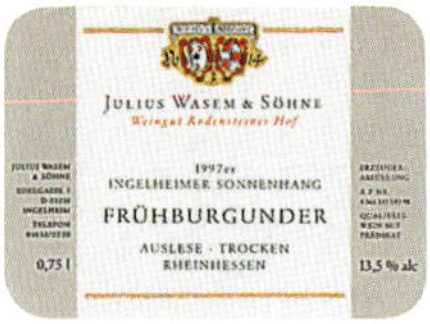

| Weintypen | Weine |
|---|---|
| einfache, trockene Weißweine | Silvaner (S. 36f., 39ff.), Riesling (S. 63), Weißburgunder (S. 60), Grauburgunder Qualitätswein oder Kabinett |
| Weißherbst/Rosé | Portugieser (S. 38) oder Spätburgunder |
| gehaltvolle Weißweine | Riesling (S. 36f.), Weißburgunder, Grauburgunder (S. 40f.), Silvaner Spätlese trocken |
| einfache Rotweine | Portugieser (S. 44f.), Spätburgunder (S. 38), Frühburgunder |
| gehaltvolle Rotweine | Dornfelder (S. 40f.), Spätburgunder (S. 38), Frühburgunder, Auslese oder Barrique |
| Süßweine, Dessertweine | Huxelrebe (S. 42f.), Scheurebe (S. 42f.), Gewürztraminer (S. 46), Riesling, Auslese oder Beerenauslese (S. 46f.) |

zur Wahl der Jahrgänge: siehe Trinkreife-Tabelle S. 29

| Rheinhessische Gerichte * | Speisen generell |
|---|---|
| Rheinzander, Spundekäs' (angemachter Frischkäse), Zwiebelkuchen, Handkäse (Sauermilchkäse) | Spargel, Kartoffelsuppe, Gemüse- und Fischgerichte, Wurst, Geflügel |
| Weinbergs-Hinkel (Huhn in Weinsauce), Rindfleisch mit Meerrettich | Spargel mit Sauce hollandaise, Tafelspitz, Grillfisch |
| Dippehas (Hasenfleisch mit Schweinenacken, geriebenem Brot, Gemüsen und Gewürzen in Rotwein, gegart in einem mit Brotteig versiegelten Topf), Backeskartoffeln | Geflügel, Teigwaren, Pizza |
| Wingerts-Kaninchen (Kaninchenkeulen und Kartoffeln in gewürzter Wein-Sahne geschmort), Pfälzer Saumagen (Schweinemagen, gefüllt mit Kartoffeln, Wurst, Gemüse und Fleisch) | Wild, Schmorbraten, Pasteten, reifer Käse |
| Backeskartoffeln (Eintopf mit Schweinebauch, Speck, Kartoffeln und Zwiebeln mit Weißweinsauce) | Gänseleberpastete, Blauschimmelkäse, Obstsalat, Mandelgebäck |
| Weincreme | alle süßen Desserts, pikanter Käse |

*Erklärungen zu klassischen rheinhessischen Gerichten auf S. 50f.

# *Die schönsten Güter, die besten Weine*

*In Rheinhessen vermarkten zweieinhalb- bis dreitausend Weinerzeuger ihre Weine teilweise oder vollständig selbst. Sie verkaufen ihr Angebot ab Hof und liefern teilweise selbst aus. In diesem Guide haben wir eine persönliche Auswahl derjenigen Güter getroffen, deren Weine wir für besonders empfehlenswert halten.*

Die Sterne führen zu den qualifizierten Gütern. Meist wird eine Bandbreite der offerierten Qualitäten angegeben. ★ – ★★★★★ bedeutet, dass dieses Gut vom ehrlichen Alltagswein bis zum absoluten Weltklasse-Wein alles erzeugt. Die Preiskategorien der Weine sind mit den bekannten Münzsymbolen ❶ – ❺ vermerkt. Was Qualität und Preiskategorien im Einzelnen bedeuten, sehen Sie auf S. 31.

**Der Weinratgeber, der ständig aktuell bleibt**

Natürlich ändert sich das Angebot ständig, die Qualität der Weine von Jahrgang zu Jahrgang. Um stets aktuell zu bleiben, bedient sich die Vinoteca des Internets. Dort steht eine Website zur Verfügung, die vom internationalen Weinmagazin Vinum unterhalten wird. Unter der Internetadresse www.vinoteca.falken.de finden Sie Resultate und Kommentare zu den neuesten Verkostungen.

**Weinauskunft auf Abruf**

Wenn Ihnen das Netz der Netze noch ein Buch mit sieben Siegeln ist, können Sie aktuelle Verkostungsnotizen direkt anfordern bei: Vinum Verlag, Biebricher Allee 134, D-65187 Wiesbaden.
Intervium AG, Klosbachstrasse 85, CH-8030 Zürich.

Links: Romantische Hofansicht im Alzeyer Ortsteil Weinheim.

## INGELHEIMER GRUND/ BINGER ECK

**Weingut Bungert-Mauer** ★ – ★★
Bergstr. 24, 55437 Ockenheim
Tel. 0 67 25/26 16, Fax 24 26
Dieter und Mathias Bungert bewirtschaften eine stattliche Fläche von 20 ha, etwa je zur Hälfte mit Weißwein- und Rotweinreben bestockt. Die typische rheinhessische Rotweinsorte Portugieser ❶ und die neueren Züchtungen Siegerrebe und Scheurebe sind die wichtigsten Sorten. Silvaner, Müller-Thurgau und Riesling (alle ❶) sind von solider und konstanter Qualität.

**Weingut J. Neus** ★ – ★★
Bahnhofstr. 96, 55218 Ingelheim
Tel. 0 61 32/7 30 03, Fax 26 90
Das renommierte, 12 ha große Gut ist seit seiner Gründung 1881 im Besitz der Familie und wird heute von Urenkel Ulrich Burchards geführt. Zu den Spitzenlagen zählt der Ingelheimer Sonnenberg, der sich im Alleinbesitz des Gutes befindet. Burchards setzt auf traditionelle Maischegärung und baut seine Rotweine ausschließlich im Holzfass aus. Die Spätburgunder sind leicht und wegen ihres geringen Gerbstoffgehaltes sehr bekömmlich.

**Weingut Riffel** ★ – ★★
Mühlweg 9, 55411 Bingen
Tel. 0 67 21/99 46 90, Fax 99 46 91

Das Weingut zählt zu den Neuentdeckungen in Rheinhessen. Zwei Drittel der Erzeugung sind Weißweine, ein Drittel Rot- oder Roséweine. Riesling ❶, Silvaner ❶ und Dornfelder ❶ als Hauptsorten bieten eine ausgesprochen günstige Preis-Qualitäts-Relation. Dornfelder trocken gibt es auch barriquegereift ❸.

**Weingut Villa Sachsen** ★ – ★★★
Mainzer Str. 184, 55411 Bingen
Tel. 0 67 21/99 05 75, Fax 9 91 73 86

Für seine Rieslinge aus dem berühmten Binger Scharlachberg und dem Kirchberg war das Weingut schon früher bekannt. Auch heute kommen aus den Toplagen feine Spätlesen ❷ bis zum grandiosen Eiswein ❺. Neben Riesling werden Burgundersorten gepflegt ❶.

**Julius Wasem & Söhne** ★ – ★★★★
Weingut Rodensteiner Hof
Edelgasse 5, 55218 Ingelheim
Tel. 0 61 32/22 20, Fax 24 48

Viele Auszeichnungen bei Weinprämierungen für die großen Rotweine sprechen für die Qualität. Die roten Spätburgunder ❶–❷ aus den Spitzenlagen Pares oder Horn in dem stattlichen 25-ha-Weingut werden trocken oder halbtrocken ausgebaut. Ein Drittel der Erzeugung sind Weißweine, Riesling ❶ und Silvaner ❶. Die Spezialität des Hauses ist der Blaue Frühburgunder ❷.

**Weingut Weidenbach** ★ – ★★★
Bahnhofstr. 86, 55218 Ingelheim
Tel. 0 61 32/21 73, Fax 4 14 18

Der ökologisch wirtschaftende Betrieb ist standortgemäß auf die Produktion von Spätburgunder spezialisiert. Er ist vom einfachen Qualitätswein ❶, als Spätlese ❷ bis zum Spätburgunder Rheinhessen Selection ❸ durchweg zu empfehlen. Auch Grauburgunder und Riesling ❶ sind im Angebot. Als Besonderheit im Programm gilt Cabernet Sauvignon ❷.

## SELZTAL

### Weingut Udo & Timo Eppelmann ★ – ★★

Kirchgasse 10, 55271 Stadecken-Elsheim
Tel. 0 61 36/27 78, Fax 34 03

In dem 13-ha-Betrieb halten sich Rot- und Weißweinanbau die Waage. Die Hauptsorten sind Spätburgunder ❶ und Grauburgunder ❶ sowie Riesling ❶. Als ihre Lieblingsweine bezeichnen die Eppelmanns den Dornfelder Barrique ❷ und das Flaggschiff der Region, RS Rheinhessen Silvaner trocken ❶.

### Weingut Hedesheimer Hof ★ – ★★★

Jürgen Beck
55271 Stadecken-Elsheim
Tel. 0 61 36/24 87, Fax 92 44 13

Riesling ❶ und Burgunder ❶–❷ sind die Hauptsorten in dem 19-ha-Betrieb der Familie Beck. Bei reduziertem Ertrag werden die Weine überwiegend trocken und halbtrocken ausgebaut. Eigene Brände und im klassischen Flaschengärverfahren hergestellte Winzersekte sind Spezialitäten des Hauses.

### Weingut Kapellenhof

Ökonomierat Schätzel Erben ★–★★★
Kapellenstr. 18, 55278 Selzen
Tel.: 0 67 37/2 04, Fax 86 70

Die Weinbautradition der Schätzels reicht bis ins 14. Jahrhundert zurück. Im wunderschönen Ambiente von Hof und parkähnlichem Garten sind Gäste auch in der hauseigenen Weinstube willkommen. Auf 17,5 ha Rebland werden vorwiegend weiße Sorten, Riesling, Silvaner und Burgunder (alle ❶) angebaut. Von Anfang war das Weingut beim Programm RS Rheinhessen Silvaner trocken ❶ mit dabei. Bei den Rotweinen greifen die Kunden gerne zu Dornfelder trocken ❶.

### Weingut Posthof ★ – ★★★★

Doll & Göth
Kreuznacher Str. 2, 55271 Stadecken-Elsheim
Tel. 0 61 36/30 00, Fax 60 01

Das Weingut hatte zwar schon immer einen guten Namen, zählt aber seit einiger Zeit zu den Aufsteigern in die Spitzengruppe. Die Familien Doll und Göth produzieren auf 15 ha Weine für alle Geschmacksrichtungen. Riesling ❶–❷, Dornfelder ❶ und Silvaner ❶ sind die wichtigsten Sorten. Als Spezialitäten gelten die Rotweinsorte St. Laurent ❷ und Huxelrebe Spätlese edelsüß ❷.

### Weingut Adolf Schick ★ – ★★★★

Kreinergasse 1, 55270 Jugenheim
Tel. 0 61 30/2 56, Fax 82 11

Bei der Bundesweinprämierung hat Rainer Schick schon viele Ehrenpreise eingeheimst. In dem Traditionsweingut werden zu zwei Dritteln Weißweine erzeugt. Riesling ❶, Weißburgunder ❶ und Spätburgunder ❶–❷ sind die Hauptsorten. Zu den umsatzstarken Weinen im Angebot gehört auch der Dornfelder ❶. Chardonnay Spätlese ❷ ist einer der Favoriten des Winzers.

## ALZEYER HUGELLAND

**Weingut Gysler** ★ – ★★★
Großer Spitzenberg 8, 55232 Alzey-Weinheim
Tel. 0 67 31/4 12 66, Fax 4 40 27

Bei bewusst reduzierten Erträgen erzeugen die Gyslers zu 90 % Weißweine. Die Leistungen des Betriebs sind schon vielfach mit Preisen bei Prämierungen belohnt worden. Riesling ❶, Grauburgunder ❶ und Müller-Thurgau ❶ sind die wichtigsten Weine im Sortiment. Rheinhessen Selection Riesling ❷ und eine feine Huxel-Auslese ❷ sind Besonderheiten auf der Weinkarte.

**Weingut Hauck** ★ – ★★
Sonnenhof, 55234 Bermersheim vor der Höhe
Tel. 0 67 31/12 72 oder 31 95, Fax 4 56 52
Der Junior Heinz-Günter Hauck bewirtschaftet 16 ha Fläche. Dornfelder, die weißen und roten Burgundersorten und Riesling (alle ❶) sind die stärksten Sorten im Weingut. Wie auch beim gesamten Angebot ist die Preis-Wert-Relation beim Silvaner ❶ ausgesprochen günstig.

**Weingut Dr. Hinkel** ★ – ★★
Kirchstr. 53, 55234 Framersheim
Tel. 0 67 33/3 68, Fax 14 90

Stattliche 22 ha Reben bewirtschaften Ernst-Edwin und Roland Hinkel. Die weißen Sorten dominieren, doch knapp ein Drittel der Produktion sind Rot- oder Roséweine. Die Klassiker – Müller-Thurgau, Riesling und Silvaner – sind die tragenden Säulen im Anbau. Literweine, z. B. Riesling, Portugieser, Silvaner sind Renner bei den Kunden (alle ❶). Besondere Empfehlungen: Silvaner Rheinhessen Selection ❷ und Chardonnay Auslese ❷.

**Weingut Johanninger** ★ – ★★
Hauptstr. 6, 55546 Biebelsheim
Tel. 0 67 01/83 21, Fax 32 95

Drei Familien haben sich zusammengetan und fusioniert, um gemeinsam in Arbeitsteilung die Qualitäten zu erzeugen, die im Alleingang nicht möglich wären. In drei Anbaugebieten bewirtschaften die Familien Haas, Heinemeyer und Schufried ihre Rebberge. An der Nahe, im Rheingau und vor allem in Rheinhessen liegen die 23 ha Rebfläche, von deren Ernten bis auf minimale Ausnahmen edelsüßer Gewächse alle Weine trocken ausgebaut werden. »Brot- und Butterweine« sind die Johanninger Gutscuvées in weiß, rot, rosé ❶, aber auch die »feineren« Weine sind bei den Kunden gefragt, besonders Silvaner ❷ und Dornfelder ❸.

**Winzerhof Hans-Peter Koehler** ★ – ★★
Hintergasse 2, 55232 Alzey-Heimersheim
Tel. 0 67 31/4 61 20, Fax 4 67 25

Handarbeit, reduzierte Erträge und umweltschonender Anbau werden in dem 6-ha-Betrieb groß geschrieben. Fast ausschließlich Weißweinreben, vor allem Riesling, Scheurebe und Burgundersorten haben Tradition ❶. Zu den gängigen Weinen zählt auch die Neuzüchtung Scheurebe, die Hans-Peter Koehler trocken ausbaut ❶.

**Weingut Köster-Wolf** ★ – ★★★
Langgasse 62, 55234 Albig
Tel. 0 67 31/25 38, Fax 4 64 74

Der Name steht für ein Familien-Weingut im typischen Sinn. Mehrere Generationen sorgen für Vielfalt im Weinangebot von 34 ha Weinbergen, gut verteilt in allen Geschmacksrichtungen je nach Präferenz. Das bekannte Gut ist auf Weißweine spezialisiert. Die Sorten Weißburgunder, Rivaner, Riesling und Huxelrebe Spätlese ❶ sind die Lieblingssorten der Kunden. Zu den Favoriten der Familie gehören auch Chardonnay ❶ und Portugieser und Dornfelder Rotwein ❷.

**Weingut Krug'scher Hof** ★ – ★★
Am grünen Weg 15, 55239 Gau-Odernheim
Tel. 0 67 33/13 37, Fax 17 00

Mit ihren Spitzensekten aus Weinbergen in Rheinhessen und in der Pfalz haben sich Gina und Klaus Menger einen Namen gemacht. Auch die Weine aus dem großen Gut, das mit einer halben Million Flaschen Jahresproduktion auch die Lufthansa oder die Bahn zu seinen Kunden zählt, gehören zu den guten Qualitäten im Gebiet. Burgundersorten sind die Hauptumsatzträger im Sortiment. Weißburgunder und Spätburgunder Rosé und Rotwein sind die Spitzenreiter (alle ❷). Spätburgunder Rotwein Barrique ❹ und Chardonnay Spätlese ❷.

**Weingut Meiser** ★ – ★★★
Alzeyer Str. 131, 55239 Gau-Köngernheim
Tel. 0 67 33/5 08, Fax 83 26

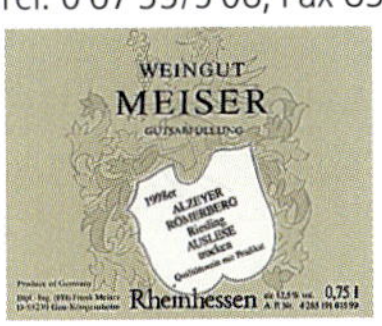


Liebliche Weine gehören zu den Spezialitäten des Hauses. Erich Meiser ist bekannt für seine Huxelrebe Auslesen ❶. Neben der neuen Züchtung sind Riesling und Dornfelder ❶ die Hauptsorten. Chardonnay gehört zu den meistverkauften Weinen des Gutes ❶. Riesling Auslese trocken ❶ und Dornfelder Barrique ❷ sind preiswerte Spezialitäten.

**Weingut Hans Metzler** ★ – ★★★
Hildegardishof
Obergasse 5, 55234 Bermersheim vor der Höhe
Tel. 0 67 31/4 29 99, Fax 4 65 18

»Scivias« – wisse die Wege: Der Titel eines Werks der berühmten Hildegard von Bingen ziert das Gutsetikett der Riesling Spätlese trocken ❷. Ihren Weg haben die Metzlers mit Riesling, Burgunder ❶ und Dornfelder ❶–❷ gefunden. Das 16-ha-Weingut mit überwiegend trockenen Weinen im Angebot präsentiert jedes Jahr auch einen knackigen Rheinhessen Silvaner ❶.

**Weingut Michel-Pfannebecker** ★ – ★★★★
Langgasse 18/19, 55234 Flomborn
Tel. 0 67 35/3 55, Fax 83 65
Das 10-ha-Gut gehört zu den besten Betrieben Rheinhessens. Dies belegen zahlreiche Preise bei offiziellen Qualitätswettbewerben und gute Platzierungen in den Hitlisten deutscher Weingüter. Die Hauptsorten, Riesling ❶, Silvaner ❶ und Chardonnay ❷, werden überwiegend trocken ausgebaut. Rotweine kommen teilweise aus der Barrique ❷.

**Weingut Gunther Rauh** ★ – ★★★
Hauptstr. 2, 55234 Dintesheim
Tel. 0 67 35/3 29, Fax 6 37

Gunther Rauh ist einer der talentierten Aufsteiger aus der ambitionierten jungen Winzergeneration Rheinhessens. Zwei Drittel der Produktion von 11 ha Rebland sind Weißweine, die überwiegend trocken und halbtrocken in die Flasche kommen. Riesling ❶ und Müller-Thurgau, auch als Rivaner ❶, und die modern gemachte Cuvée Sommerflirt halbtrocken ❶ zählen zu den Rennern im Verkauf.

Dornfelder Rotwein ❶ und Cuvée Rauh ❶, ein roter Literwein, gehören inzwischen auch zu den am meisten gefragten Weinen auf der Liste dieses Weinguts.

**Weingut Steitz** ★ – ★★
Mörsfelder Str. 3, 55599 Stein-Bockenheim
Tel. 0 67 03/9 30 80, Fax 93 08 90

Nicht nur den Wein dürfen die Gäste hier genießen. Die Familie Steitz bietet auch das Ambiente für Feiern oder Unterkünfte für erholsame Tage. Systematisch ist das Flaschenweingeschäft in den letzten Jahren ausgebaut worden. Weißburgunder ❶, Grauburgunder ❶ und Dornfelder ❶ sind die wichtigsten Weine im Sortiment. Als besondere Spezialitäten bietet das Weingut Spätburgunder Steitz No. 1 ❸ und diverse Brände.

**Weingut Wagner-Stempel** ★ – ★★★
Wöllsteiner Str. 10, 55599 Siefersheim
Tel. 0 67 03/96 03 30, Fax 96 03 31
In der Werbung für die Weinmarke Revian mit Weinen aus Rheinhessen wurden ihre Gesichter bundesweit bekannt: Daniel Wagner und Vater Lothar Wagner repräsentieren auch visuell eine sympathische Harmonie zwischen zwei Winzergenerationen. Das gute Zusammenwirken entspricht auch der Realität im Winzerbetrieb. Fast alle Weine, überwiegend aus weißen Sorten, werden trocken ausgebaut. Mit Riesling ❶, Weißburgunder ❶ und Silvaner ❶ sind die Wagners in letzter Zeit bei vielen Verkostungen sehr positiv aufgefallen.

## WONNEGAU

**Brenner'sches Weingut** ★ – ★★★
Pfandturmstr. 20, 67595 Bechtheim
Tel. 0 62 42/8 94, Fax 8 74

Die Weißburgunder von Christian Brenner sind in Kennerkreisen berühmt und beliebt ❶–❷. Auch der Chardonnay gilt als exzellent ❷. Sein Handwerk hat der energische, für Experimente aufgeschlossene und weltoffene Querdenker von der Pike auf in Bordeaux gelernt. Entsprechend gut sind auch die Resultate bei den Rotweinen. Spätburgunder ❷ und Rubrum ❷ sind Erzeugnisse eines Könners. Brenner keltert überwiegend trockene, durchgegorene Weine.

**Weingut Jean Buscher** ★ – ★★★
Wormser Str. 4, 67595 Bechtheim
Tel. 0 62 42/8 72, Fax 8 75

Das Studium des hauseigenen Lesebuches dokumentiert das große Engagement von Michael Buscher. Mit Kunst im Keller, zahlreichen Präsentationen und vielen pfiffigen Ideen hat sich der quirlige Winzer bekannt gemacht. Aber auch die Weine sind von ausgezeichneter Qualität. Riesling ❶, Spätburgunder ❷, Weißburgunder ❷ und Dornfelder kaufen die Kunden hier am liebsten. Empfehlenswerte Spezialität: Schwarzriesling Rotwein Spätlese trocken ❷.

### Weingut Kurt Erbeldinger und Sohn
★ – ★★★★

Haus-Nr. 3, 67595 Bechtheim-West
Tel. 0 62 44/49 32, Fax 71 31

Mit 25 ha Rebfläche, darunter einige Spitzenlagen, zählt der Familienbetrieb zu den größten und besten Weingütern im Wonnegau. Spätburgunder, Weißburgunder und Riesling (alle ❶) sind die drei wichtigsten Sorten. Ein absoluter Renner bei den Kunden ist auch der Dornfelder ❶. Spezialitäten des Hauses: Weißburgunder und Spätburgunder Auslese trocken ❷.

### Weingut Ökonomierat Johann Geil Erben
★ – ★★★

Kuhpfortenstr. 11, 67595 Bechtheim
Tel. 0 62 42/15 46, Fax 69 35

Karl Geil-Bierschenk und seine Frau Monika sind Spezialisten für hochwertige edelsüße und liebliche Qualitäten aus den Top-Lagen Bechtheims. Im Schatzkeller lagern viele besondere Raritäten. Aber auch die trockenen Gewächse des Hauses (immerhin 30 % der Weine) werden gerne gekauft. Müller-Thurgau halbtrocken ❶, Riesling Kabinett trocken ❶ und Dornfelder ❶ sind die gängigsten Weine. Eine Besonderheit: Frühburgunder Auslese trocken (0,5 l-Flasche) ❷.

### Geil's Sekt- und Weingut ★ – ★★
67593 Bermersheim bei Worms
Tel. 0 62 44/44 13, Fax 5 73 84

Mit guten Marketingideen, hinter denen aber auch stets gute Qualitäten stehen, hat Rudolf Geil in den Betrieb viele neue Impulse eingebracht. Eine dieser Kreationen ist die Rotwein-Cuvée Nocturne ❷. Ansonsten dominieren die Burgundersorten ❶ im Angebot. Spätburgunder wird auch weiß gekeltert ❷.

### Weingut Göhring ★ – ★★★
Alzeyer Str. 60, 67592 Flörsheim-Dalsheim
Tel. 0 62 43/4 08, Fax 65 25

Das Weingut zählt zu den hochdekorierten Betrieben in Flörsheim-Dalsheim, die unlängst wegen ihrer vielen Ehrungen fast ins Guinnessbuch aufgenommen worden wären. Die Göhrings bewirtschaften 15 ha Fläche, auf denen zu zwei Dritteln Weißweinreben stehen. Grauburgunder ❶, Riesling ❶, Dornfelder ❶ und Rivaner ❶ sind bei den Abnehmern besonders gefragt.

### Weingut K. F. Groebe ★ – ★★★
Bahnhofstr. 68–70, 64584 Biebesheim
Tel. 0 62 58/67 21, Fax 8 16 02

Die wechselvolle Geschichte des Weinguts hat dazu geführt, dass der Betrieb heute in zwei verschiedenen Gemeinden, eine davon in Hessen, ansässig ist. Das führt bei den Kunden häufig zu Missverständnissen. Im rheinhessischen Westhofen befinden sich Weinberge und Keller, im 25 km entfernten Biebesheim ist der Sitz der Verwaltung mit Vinothek. Riesling ❶–❷, Spätburgunder ❶–❷ und Silvaner sind die Hauptsorten.

### Weingut Destillerie Gutzler ★ – ★★★
Roßgasse 19, 67599 Gundheim
Tel. 0 62 44/90 52 21, Fax 90 52 41

Bis auf wenige edelsüße Raritäten produziert Gerhard Gutzler ausschließlich trockene Weine. Die Erträge von 9 ha Reben werden stark gedrosselt. Kraftvolle, konzentrierte Spätburgunder und Chardonnays (auch aus der Barrique) ❷–❸ sind das Ergebnis. Riesling, Weißburgunder und Dornfelder (alle ❶) sind die gängigsten Weine im Sortiment. Weitere Stärken: eigene Sektherstellung und feine Edelbrände, die bei Prämierungen mit Top-Bewertungen glänzen.

**Weingut Hirschhof** ★ – ★★
Seegasse 29, 67593 Westhofen
Tel. 0 62 44/3 49, Fax 5 71 12

Die Familie Zimmer bewirtschaftet ihre 20 ha nach ökologischen Kriterien. 90 % der Weine werden trocken oder halbtrocken ausgebaut. Silvaner, Dornfelder, Weißburgunder trocken und Riesling (alle ❶) überzeugen in Qualität und Preis. Die rote Sorte Sankt Laurent liefert eine Spezialität des Hauses. Besondere Weine: Chardonnay ❷ und Selection trocken ❷.

**Weingut Keller** ★ – ★★★★★
Bahnhofstr. 1, 67592 Flörsheim-Dalsheim
Tel. 0 62 43/4 56, Fax 66 86

Das Weingut von Hedwig und Klaus Keller gilt als bestes Rheinhessens. Schwerpunkte im Sortiment sind fruchtbetonte, klar strukturierte trockene Weine. Die Weltspitze der Edelsüßen zeigt, dass die heimliche Liebe den restsüßen Spitzengewächsen gehört. Riesling, Weißburgunder und Spätburgunder sind die wichtigsten Sorten. Lieblingsspezialitäten der Kellers: Riesling G trocken ❸, Rieslaner Spätlese (0,5 l) ❷, Spätburgunder Felix T2 ❹.

**Weingut Karlheinz Keller** ★ – ★★
Landgrafenstr. 74, 67549 Worms
Tel. 0 62 41/7 55 62, Fax 7 48 36
Grauburgunder ❶, Chardonnay ❷ und Dornfelder ❶ sind die Stärken des 20 ha großen Weinguts. Mit Rotweinsorten sind die Kellers reich gesegnet. 60 % der Weine kommen als Rotwein oder Rosé und Weißherbst auf die Flasche. Preisgünstiger Einstieg ist der Portugieser Weißherbst ❶. Besonderheiten sind Frühburgunder Auslese trocken ❸, Portugieser Spätlese trocken ❸.

**Wein- und Sektgut Georg Jakob Keth**
★ – ★★★
Wormser Str. 35–37, 67591 Offstein
Tel. 0 62 43/75 22, Fax 77 51

1998 legte das Weingut beim Deutschen Rotweinpreis des internationalen Weinmagazins Vinum für Rheinhessen alle Ehre ein. Mit Dornfelder ❶, Portugieser ❶, Sankt Laurent ❷ und Spätburgunder ❷ erzeugt Georg Keth ausdrucksvolle Rotweine, die sich international sehen lassen können. Der Rotweinspezialist Keth hat dafür die nötigen Ressourcen: Etwa die Hälfte von 25 ha Rebland ist mit roten Sorten bepflanzt. Gute und preiswerte Qualitäten bietet auch das Weißweinsortiment: Weißburgunder ❶, Rivaner ❶, Chardonnay ❷.

**Weingut G. & M. Machmer** ★ – ★★
Winzerstr. 2, 67595 Bechtheim
Tel. 0 62 42/77 04 oder 91 57 17, Fax 6 08 16

Weißburgunder, Spätburgunder und Riesling sind die wichtigsten Sorten in dem 25 ha großen Gut. In verschiedenen Qualitätsstufen, ob als QbA oder Spätlese, bieten die Machmers in ihrem Sortiment eine günstige Relation zwischen Preis und Qualität. Bei den Kunden beliebt sind auch Dornfelder und Chardonnay (beide ❶). Günstige Rarität: Riesling Eiswein ❸.

**Weingut Michel-Pfannebecker** ★ – ★★★
Langgasse 18/19, 55234 Flomborn
Tel. 0 67 35/3 55 + 13 63, Fax 83 65
Das 10 ha große Weingut von Gerold und Heinfried Pfannebecker ist aus dem Zusammenschluss zweier Betriebe entstanden. Mengenbegrenzung auf 73 hl pro ha durch kurzen Anschnitt, Dauerbegrünung, schonende Keller-

wirtschaft und Ausbau im kleinen Holzfass haben entscheidend zur Qualitätssteigerung beigetragen. Der Jahrgang 1997 ist am besten gelungen. Angenehm für den Verbraucher: Die Preise sind moderat.

**Weingut Ahnenhof**
**Hermann Müller Erben** ★ – ★★
Walther Rathenaustr. 33, 67574 Osthofen
Tel. 0 62 42/14 48, Fax 69 08

Die Geschmacksrichtungen im Sortiment reichen von trocken und halbtrocken (je 30 % der Produktion) bis lieblich. Auf 17,5 ha Rebland erzeugen die Müllers vornehmlich Weine aus den klassischen Sorten Riesling, Grauburgunder und Spätburgunder (alle ❶). Sankt Laurent ❶ ist eines der Lieblingsgewächse von Ingrid und Hermann Müller.

**Weingut Schales** ★★ – ★★★★
Alzeyer Str. 160, 67592 Flörsheim-Dalsheim
Tel. 0 62 43/70 03, Fax 52 30

Die Dynastie von drei Familien betreibt eines der führenden Traditionsweingüter in Rheinhessen. Unangefochten gehört der Name zur absoluten Spitzengruppe der Winzerelite Rheinhessens. Stattliche 50 ha Rebfläche umfasst der Familienbesitz. Das Weingut verfügt wohl über den bestsortierten Raritätenkeller der Region mit edelsüßen Spitzengewächsen aus den letzten Jahrzehnten ❸–❺. Die gängigsten Weine werden aus den Traditionssorten Weiß- und Grauburgunder ❷, Riesling und Spätburgunder ❷ gekeltert. Sehenswert: die liebevoll zusammengetragenen Exponate im eigenen Weinbaumuseum.

**Weingut Scherner-Kleinhanß** ★ – ★★★
Alzeyer Str. 10, 67592 Flörsheim-Dalsheim
Tel. 0 62 43/4 35, Fax 56 65

Klaus R. Scherner führt nach seinem Studium der Önologie und gründlicher Berufserfahrung als Kellermeister in Nordamerika das Weingut in der 9. Generation. Diese internationalen Erfahrungen finden heute ihren Niederschlag in hervorragenden Weinqualitäten, die der Winzer von 12 ha Fläche erzeugt. Riesling, Weißburgunder und Spätburgunder sind die Hauptsorten (alle ❶). Zu den Spezialitäten auf der Liste gehören: Frühburgunder Rotwein ❷, Spätburgunder Barrique ❷–❸.

**Weingut & Sektkellerei Dalbergerhof**
**Strauch** ★ – ★★
67574 Osthofen
Tel. 0 62 42/22 64, Fax 68 18

Die Sektherstellung nach der klassischen Flaschengärmethode ist ein wichtiges Standbein im Hause Strauch. Aber auch die Erträge von 16 ha Rebland werden selbst vermarktet. Überwiegend sind trockene und halbtrockene Weine im Angebot. Riesling, Spätburgunder und Weißburgunder ❶ sind bei den Kunden am beliebtesten. Spezialitäten sind Sankt Laurent Rotwein trocken ❷, Cabernet Sauvignon aus der Barrique ❸, und die 93er Rotweincuvée Kurfürst v. Dalberg ❺.

### Winzergenossenschaft Westhofen
★ – ★★★
Am Bogen 18, 67593 Westhofen
Tel. 0 62 44/8 25, Fax 54 76

Die Winzergenossenschaft kann sich qualitativ mit den guten Privatgütern in Rheinhessen problemlos messen. Von 330 ha erzeugen die angeschlossenen Winzer beachtenswerte Qualitäten, die in allen Geschmacksrichtungen ausgebaut werden. Die bedeutendsten Weine im Sortiment sind die typischen heimischen Sorten Müller-Thurgau, Silvaner und Portugieser/Dornfelder ❶. Gewürztraminer ist eine Spezialität und dabei ausgesprochen preisgünstig ❶.

### Weingut Wittmann ★ – ★★★★
Mainzer Str. 19, 67593 Westhofen
Tel. 0 62 44/90 50 36, Fax 55 78

Keller, Probierstube und Garten zählen zu den schönsten in Rheinhessen. Abgesehen vom Ambiente produzieren die Wittmanns eine der besten Kollektionen in der Region – und dies konsequent nach ökologischen Richtlinien. Elegante, teilweise säurebetonte und überwiegend trocken ausgebaute klassische Weine – Riesling ❷, Weißburgunder ❷, Silvaner ❶ – sind die Stärken von Günther Wittmann. In dem 17,5 ha großen Weingut konzentriert man sich im Wesentlichen auf die Erzeugung von Weißweinen.

## RHEINTERRASSE

### Weingut Manfred Acker ★ – ★★
Martinushof, 55294 Bodenheim
Tel. 0 61 35/23 50, Fax 23 63

Auf 11 ha Fläche in Bodenheim, Nackenheim und Mainz-Laubenheim wachsen vor allem Dornfelder, Burgunder ❶ und Riesling ❶–❷. Mit Riesling-Weinen hat der Martinushof bei offiziellen Weinprämierungen viele Auszeichnungen bekommen.

### Weingut Brüder Dr. Becker ★ – ★★★
Mainzer Str. 3–7, 55278 Ludwigshöhe
Tel. 0 62 49/84 30, Fax 76 39

Seit fast 20 Jahren bewirtschaftet die Familie Pfeffer ihre Weinberge nach ökologischen Richtlinien. Die rührige Inhaberin Lotte Pfeffer-Müller präsentiert ihre Weine bei vielen Veranstaltungen des Bundesverbands Ökologischer Weinbau und beim Verband Deutscher Prädikats- und Qualitätsweingüter. Überwiegend werden Weißweine und klassische Sorten wie Riesling ❶–❷, Silvaner ❶, aber auch Scheurebe ❶ produziert. Besondere Weine im Sortiment sind Rheinhessen Selection Riesling ❹ und Riesling Auslese (0,5 l) ❹.

### Weingut Dätwyl ★ – ★★
Hauptstr. 11, 67587 Wintersheim
Tel. 0 67 33/4 26 und 96 01 59, Fax 82 10

Die Familie Dettweiler produziert vor allem klassische Sorten: Riesling, Burgunder, Silvaner in allen Geschmacksrichtungen ❶. Wie die Weißen sind auch die Rotweine, Dornfelder und Portugieser, grundsolide und preiswert ❶. Eine besondere Empfehlung: das kalt gepresste Traubenkernöl.

**Weingut Gehring** ★ – ★★★
Karolingerstr. 10/14, 55283 Nierstein
Tel. 0 61 33/54 70, Fax 92 74 89

Spritzig-fruchtige Rieslinge und Burgunder ❶–❷ sowie der typische rheinhessische Rotwein Dornfelder ❷ sind die wichtigsten Sorten, die Theo Gehring überwiegend trocken ausbaut. Das alteingessene Weingut verfügt über viele Spitzenlagen im berühmten Niersteiner »Roten Hang«, wo auch edelsüße Spitzenqualitäten vom Riesling reifen ❷. Besondere, in der Barrique ausgebaute Rotweine sind den Damen des Hauses gewidmet: Gina und Diana ❸.

**Weingut Gunderloch** ★★ – ★★★★★
Gunderloch-Platz 1, 55299 Nackenheim
Tel. 0 61 35/23 41, Fax 24 31

Das Weingut Agnes und Fritz Hasselbach zählt unbestritten zu den Flaggschiffen in Rheinhessen. Im In- und Ausland genießen die Weine von Gunderloch eine hohe Reputation. Mit hohem Qualitätsanspruch und sehr geringen Erträgen werden absolute Spitzenweine, meist in Steilhängen erzeugt. Aus der Spitzenlage Nackenheimer Rothenberg und anderen guten Lagen kommen feine Riesling-Qualitäten ❷–❺, von trocken bis edelsüß. Besonders knackig ist der Gutsriesling, filigran und duftig Riesling Kabinett »Jean Baptiste« ❷.

**Weingut Louis Guntrum** ★ – ★★★
Rheinallee 62, 55283 Nierstein
Tel. 0 61 33/9 71 70, Fax 97 17 17

Aus dem früher stark handelsorientierten Betrieb hat Hanns-Joachim Guntrum nach totaler Umstrukturierung und Reduktion der Rebflächen ein qualitätsorientiertes Weingut geformt. Ein stattlicher Teil der 25 ha großen Fläche liegt in den Spitzenlagen des berühmten Rotliegenden am Rhein, in Oppenheim, Nierstein und Nackenheim. Riesling ist traditionell die Hauptsorte neben Grau-, Weiß- und Spätburgunder. Guntrum ist auch mit edelsüßen Raritäten ❺, darunter feinen Auslesen und Eisweinen aus den Toplagen am Rhein, gut sortiert.

**Weingut Freiherr Heyl zu Herrnsheim**
★ – ★★★★
Langgasse 3, 55283 Nierstein
Tel. 0 61 33/5 70 80, Fax 57 08 80

Das Traditionsweingut gehört zur Weinelite in Rheinhessen. Vor einigen Jahren wurde das Gut von einem Investor, der Familienstiftung Ahr, übernommen. In dem ökologisch wirtschaftenden Weingut werden ausschließlich Weißweine erzeugt. Heyl zu Herrnsheim verfügt über beste Lagen im »Roten Hang«, die Lage Brudersberg befindet sich sogar im Alleinbesitz. Die gängigsten Gutsweine sind Riesling ❷, Silvaner ❶ und eine klassische Riesling Spätlese trocken unter der geschützten Bezeichnung Rotschiefer. Empfehlenswertes Spitzengewächs mit feiner Süße: Niersteiner Ölberg Riesling Auslese ❸.

**Weingut Hiestand** ★ – ★★
Nordhöferstr. 19, 67583 Guntersblum
Tel. 0 62 49/22 66, Fax 78 35

Mit preiswerten und blitzsauberen Qualitäten haben sich Berthilde und Erich Hiestand bei Privatkunden und im Fachhandel einen guten Namen gemacht. Je 40 % der Weine werden trocken und lieblich ausgebaut. Silvaner, Riesling und Weißburgunder sind die wichtigsten Weine im Sortiment (alle ❶). Spezialitäten: Schwarzriesling ❶ und Gewürztraminer ❷.

**Weingut Jürgen Kissinger** ★ – ★★★
Römerstr. 11, 55278 Uelversheim
Tel. 0 62 49/74 48 und 79 69, Fax 79 89

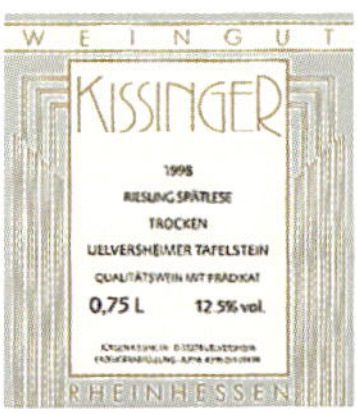


Der ambitionierte Winzer Jürgen Kissinger zählt zu den Shootingstars der jungen Winzergeneration in der Region. Die Umsatzträger im Sortiment sind Riesling, Weißburgunder und Spätburgunder, vorwiegend trocken ❶. Exzellent auch die hochwertigen Qualitäten: z. B. Riesling Auslese trocken ❷.

**Wein- & Sektgut Kühling-Gillot** ★ – ★★★★
Ölmühlstr. 25, 55294 Bodenheim
Tel. 0 61 35/23 33, Fax 64 63

Vor 30 Jahren durch Fusion von zwei Traditionsweingütern entstanden, verfügt Kühling-Gillot über beste Lagen in den Gemarkungen von Bodenheim und Oppenheim. Riesling ❶, Spätburgunder und Chardonnay ❷ sind die Hauptsorten. Besondere Qualitäten liefern die in der Barrique ausgebauten Spätburgunder und Cuvées ❷–❹. Einen hervorragenden Ruf genießt das Gut auch für seine edelsüßen Spitzengewächse ❹–❺.

**Johannishof & Weingut der Stadt Mainz** ★ – ★★
Michael und Hans W. Fleischer
Rheinhessenstr. 103, 55129 Mainz-Hechtsheim
Tel. 0 61 31/5 97 97, Fax 59 26 85

Dornfelder, Riesling und Burgundersorten sind die Stärken im Sortiment der Familie Fleischer. Seit der Übernahme des Städtischen Weinguts werden vor den Toren der Stadt Mainz 21 ha Rebland bewirtschaftet. Dornfelder gibt es in der einfachen Version ❶ und aus der Barrique ❷. Zu den Rennern in der Weinliste zählen Riesling Kabinett trocken ❶ und Portugieser Weißherbst ❶.

**Weingut Julianenhof** ★ – ★★
Reinhard und Jochen Schmitt
Uttrichstr. 9-11, 55283 Nierstein
Tel. 0 61 33/5 81 21, Fax 5 74 51

Der junge Winzer Jochen Schmitt ist eine Neuentdeckung unter den Winzern der Region. Bei regionalen Verkostungen fielen die Weine in jüngster Zeit sehr positiv auf, vor allem wegen ihrer günstigen Preis-Wert-Relation. Riesling, Spätburgunder und Müller-Thurgau sind die gängigsten Weine ab Hof (alle ❶).

**Wein- und Sektgut Loesch** ⋆ – ⋆⋆
Eisgasse 17, 55278 Uelversheim
Tel. 0 62 49/90 50 77, Fax 90 50 79

Arndt Loesch zählt zur talentierten jungen Winzergeneration Rheinhessens. Der fleißige Betriebsführer baut das Flaschenweingeschäft des 12-ha-Betriebs mit ordentlichen und blitzsauberen Qualitäten kontinuierlich aus. Spätburgunder, Riesling und die weißen Burgundersorten sind die gefragtesten Weine bei den Kunden (alle ❶). Der Anteil der Geschmacksrichtungen im Sortiment ist gleichmäßig von trocken bis lieblich verteilt. Eine Spezialität sind die selbst gerüttelten Winzersekte ❷.

**Weingut Lorch Westerheymer Hof** ⋆ – ⋆⋆
In der Hüttstädt, 55294 Bodenheim
Tel. 0 61 35/54 04, Fax 8 01 05
Frische, spritzige weiße Burgunderweine ❶ sind eine Spezialität im Weingut Lorch wie auch Spätburgunder Rotwein und Weißherbst ❶. In der eigenen Gutsschänke unter den Gästen sehr beliebt ist auch Riesling in verschiedenen Qualitätsstufen ❶. Trotz seines großen Engagements für den Berufsstand findet Thomas Lorch die Zeit, auf 8,5 ha Rebland, verteilt auf Parzellen in mehreren Gemeinden, ansprechende Weinqualitäten zu erzeugen. Bei den Geschmacksrichtungen dominieren trockene und halbtrockene Gewächse.

**Weingut Manz Grabenhof** ⋆ – ⋆⋆⋆
Lettengasse 6, 55278 Weinolsheim
Te. 0 62 49/79 81, Fax 8 00 22

Systematisch wurde die Rebfläche in den letzten Jahren auf heute 8,5 ha ausgeweitet. Voll ausgelastet ist die Familie eigentlich schon mit einem florierenden Abfüllbetrieb für die Winzerkollegen in der Umgebung. Sohn Eric, der bei Top-Winzern Berufserfahrung sammelte, garantiert für die Fortsetzung der Qualitätstrategie. Dornfelder und Spätburgunder ❶ sind die wichtigsten Rotweine, Riesling, Weißburgunder und Müller-Thurgau die Umsatzträger unter den Weißen ❶.

**Weingut Rappenhof** ⋆ – ⋆⋆⋆
Bachstr. 47, 67577 Alsheim
Tel. 0 62 49/40 15, Fax 47 29

Unter der Führung des früheren Deutschen Weinbaupräsidenten Dr. Reinhard Muth ist das renommierte Gut zu einer Größe von stattlichen 50 ha herangewachsen. Neben Weinbergen in Alsheim und Guntersblum bewirtschaftet die Familie Muth auch Steillagen im Niersteiner Rotliegenden. Mit Riesling und Burgundersorten ist der Rappenhof bei Qualitätsweinen ❶ und Spätlesen ❷ gut sortiert. Für seinen Blauen Portugieser trocken ❶ ist das Gut sehr bekannt. Traditionell im November wird der junge Portugieser der Öffentlichkeit vorgestellt. Die Weinliste von Dr. Reinhard Muth und Sohn Klaus bietet eine Reihe von Spezialitäten wie Gewürztraminer Auslese trocken ❸.

### Vereinigung Mettenheimer Winzer

★ – ★★
Hauptstr. 10–12, 67582 Mettenheim
Tel. 0 62 42/28 45, Fax 64 60

Sie praktizieren eine Gemeinschaft besonderer Art: Schon vor mehr als zehn Jahren haben sich 20 Winzer aus dem Weinort Mettenheim zusammengetan und sich der Förderung des Rieslinganbaus verschrieben. Unter der eigens geschaffenen Marke Casimir ❶ in einer eleganten Schlegelflasche werden nur die besten Rieslinge eines Jahrgangs verkauft. Vorwiegend Riesling, Burgunder und Dornfelder Rotwein (alle ❶) bauen die Mettenheimer Winzer auf insgesamt 135 ha Rebfläche an.

### Weingut Burghof Oswald ★ – ★★

Alsheimer Str. 11, 67583 Guntersblum
Tel. 0 62 49/23 92, Fax 24 22

Die Hälfte der Jahresproduktion im Burghof Oswald wird mit Restsüße ausgebaut. Entsprechend sind die beliebtesten Weine bei den Kunden in der lieblichen Geschmacksrichtung zu haben: Spätburgunder Rotwein und Weißherbst ❶ und Silvaner in der Literflasche ❶. In dem 17-ha-Weingut mit einer Jahresproduktion von 80 000 Flaschen gibt es die Klassiker Silvaner, Riesling und Weißburgunder auch trocken ausgebaut ❶.

### Weingut Sander ★ – ★★★

In den Weingärten 11, 67582 Mettenheim
Tel. 0 62 42/15 83, Fax 65 89

Der Marienkäfer auf dem Etikett symbolisiert die strikt ökologisch orientierte Wirtschaftsweise im Weingut Sander. Das Weinangebot ist fast ausschließlich trocken. Weißburgunder, Dornfelder und Riesling (alle ❶) sind die wichtigsten Weine im Angebot. Besonders empfehlenswert: die Spätlesen Riesling und Weißburgunder ❷. Ökowinzer Gerhard Sander hat auch eine Traditions-Cuvée Trio ❶ und einen Sauvignon blanc ❷ auf der Weinliste.

### Weingut Sankt Antony ★★ – ★★★★

Wörrstädter Str. 22, 55283 Nierstein
Tel. 0 61 33/54 82, Fax 5 91 39

Das Weingut im Besitz der MAN AG, München, verfügt über eine Reihe von Spitzenlagen im Niersteiner Roten Hang. Dort pflanzt Betriebsleiter Dr. Alex Michalsky die klassischen Sorten Riesling, Weißburgunder und Silvaner. Riesling in allen Qualitätsvarianten vom Gutswein ❷ bis zur Spätlese aus renommierten Lagen wie Ölberg ❷, Auflangen ❷ , Pettenthal ❸ und Orbel ❷ sind die meistverkauften Weine. Die zu 90 % trocken ausgebauten Weine des Spitzenbetriebs werden temperaturgesteuert kühl vergoren und reifen anschließend im Holzfass.

### Weingut Schlamp-Schätzel ★ – ★★★

Oberdorfstr. 34, 55283 Nierstein
Tel. 0 61 33/55 12, Fax 6 01 59

Nanne Schätzel ist die gute Seele in dem 6 ha großen Weingut. Ihr Ehemann Otto Schätzel, Mitautor dieses Vinoteca-Bandes und Marketingexperte, engagiert sich beruflich intensiv für die Ausbildung und Weiterbildung der rheinhessischen Winzer an der Staatlichen Lehranstalt. Die gesamte Familie packt deshalb mit an, um die Arbeit in den Weinbergen, teilweise in Steil- und Spitzenlagen von Nierstein, im Holzfasskeller und in der Vermarktung zu bewältigen. Riesling Spätlese trocken Pettenthal ❷, Spätburgunder Rotwein ❷ und Rivaner trocken ❶ sind die Renner im Sortiment. Der trockene Silvaner ❶ wird gepflegt.

### Weingut Franz Karl Schmitt ★ – ★★★

Mainzer Str. 48, 55283 Nierstein
Tel. 0 61 33/53 14, Fax 5 06 09

Mit Spitzengewächsen vom Riesling hat sich die Familie Schmitt in Generationen einen Namen gemacht. Franz Karl Schmitt führt diese Tradition erfolgreich fort. In allen Qualitätsstufen, vom einfachen Gutswein ❶ über Kabinett ❶ und Spätlese ❷ bis zu den edelsüßen Raritäten ❷–❸ sind duftige, ausdrucksvolle und elegante Rieslingweine zu haben. Zu empfehlen der Rotwein aus der Sorte Schwarzriesling ❶.

### Weingut Georg Albrecht Schneider

★ – ★★★★

Wilhelmstr. 6, 55283 Nierstein
Tel. 0 61 33/56 55, Fax 54 15

Ausschließlich Weißweine werden im Weingut von Georg Albrecht Schneider erzeugt. Seine Rieslinge aus Top-Lagen im Niersteiner Rotliegenden zählen zu den besten in Rheinhessen. Bewusst niedrige Erträge von den 17 ha Fläche und lange Vergärung bringen sehr gute Qualitätsresultate. Aus der Steillage Niersteiner Hipping kommen duftige, fruchtbetonte Riesling Spätlesen trocken und lieblich ❷, aus dem Ölberg Kabinettweine ❶. Neben Riesling werden auch Müller-Thurgau, Kerner und Grauburgunder (Spätlese trocken) ❷ erzeugt.

### Weingut Heinrich Seebrich ★ – ★★★

Schmiedgasse 3, 55283 Nierstein
Tel. 0 61 33/6 01 50, Fax 6 01 65

Weine mit Fruchtsüße sind die Spezialität von Betriebsinhaber Heinrich Seebrich. Etwa die Hälfte der Weine wird lieblich oder edelsüß ausgebaut. Riesling aus den Spitzenlagen von Nierstein ist die Hauptsorte, auch bei den durchgegorenen Gewächsen. Riesling Kabinett ❶ und Riesling Spätlesen ❷ gedeihen auf den roten Tonschieferböden am Rhein besonders gut. Dornfelder Rotwein ❶ ergänzt das breite Weißweinangebot. Eine Spezialität: Ölberg Gewürztraminer Spätlese trocken ❶.

### Staatliche Weinbaudomäne Oppenheim

★ – ★★★★

Wormser Str. 162 , 55276 Oppenheim
Tel. 0 61 33/93 03 05, Fax 93 03 23

Absolute Raritäten lagern in der Schatzkammer der Staatlichen Weinbaudomäne, dem Musterbetrieb des Landes Rheinland-Pfalz. Beste Lagen in Nierstein, Oppenheim und Nackenheim bringen sehr gute Resultate im trockenen Bereich wie auch bei den Weinen mit Fruchtsüße. Die klassischen rheinhessischen Sorten Riesling ❶–❷, Silvaner ❶ und Müller-Thurgau ❶ dominieren. Maßvolle Erträge, gezügelte Vergärung der Moste im Edelstahltank und Ausbau im Holzfass sind Garanten für gleich bleibend gute Qualität. Spezialitäten: die Rotweinsorte St. Laurent ❷ und Weißburgunder ❷.

**Weingut Stallmann-Hiestand** ★–★★★
Eisgasse 15, 55278 Uelversheim
Tel. 0 62 49/84 63, Fax 86 14
Riesling ❶–❷ ist die flächenmäßig stärkste Sorte im Weingut von Werner Hiestand. Dann folgen schon die weißen Burgundersorten ❶–❷ und Silvaner ❶. Mit etwa einem Viertel der Gesamterzeugung haben die Rotweine ❶–❷, auch im kleinen Eichenholzfass ausgebaute, wachsende Bedeutung. Die Weine werden überwiegend trocken ausgebaut (85 %). Kulinarische Weinproben und Menüabende sind eine Spezialität des Hauses.

**Weingut J. u. H. A. Strub** ★–★★★
Rheinstr. 42, 55283 Nierstein
Tel. 0 61 33/56 49, Fax 55 01

Mit seinen feinfruchtigen und saftigen Rieslingen überzeugt Inhaber und Kellermeister Walter Strub regelmäßig bei Vergleichsproben und vor allem bei seinen Kunden im In- und Ausland. Wie auf den Riesling als Hauptsorte aus Niersteiner Lagen, darunter viele Spitzenlagen, hat sich Familie Strub auf die Erzeugung von Weißweinen konzentriert. Auf Handlese, Ganztraubenpressung und Ausbau im Edelstahltank wird Wert gelegt. Das Preis-Wert-Verhältnis ist ausgesprochen gut: Hipping, Brückchen und Paterberg Kabinett ❶, Spätlese Paterberg und Orbel ❷.

**Weingut Eugen Wehrheim** ★–★★★
Mühlgasse 30, 55283 Nierstein
Tel. 0 61 33/5 81 25, Fax 5 76 05
Bei offiziellen Qualitätswettbewerben und Prämierungen hat Klaus Wehrheim schon viele Preise und Auszeichnungen erhalten. In guten bis besten Niersteiner Lagen werden vorwiegend Riesling ❶–❷, Silvaner ❶ und Müller-Thurgau ❶ angebaut. Auch eigene Gutssekte aus dem Niersteiner Spiegelberg sind bei den Kunden gefragt ❷.

**10 der besten Weingüter**

Diese Vinoteca-Selektion berücksichtigt Produzenten, die sich in den letzten Jahren ständig an der Spitze behauptet haben.

| | |
|---|---|
| Sankt Antony | ★★–★★★★ |
| Kurt Erbeldinger | ★–★★★★ |
| Gunderloch | ★★–★★★★★ |
| Heyl zu Herrnsheim | ★–★★★★ |
| Keller | ★–★★★★★ |
| Kühling-Gillot | ★–★★★★ |
| Michel-Pfannebecker | ★–★★★★ |
| Schales | ★★–★★★★ |
| Wasem | ★–★★★★ |
| Wittmann | ★–★★★★ |

# Die Vinoteca-Empfehlungen

Hier sind einige Beispiele von Weinen durch alle Preislagen und Kategorien, die sich durch zuverlässige Qualität und Preiswertigkeit auszeichnen. Sie werden alle in größeren Mengen erzeugt, sodass die Chancen gut stehen, sie im Handel (Bezugsquellen S. 76) zu finden. Für Verfügbarkeit und Preisangaben kann allerdings keine Garantie übernommen werden. Die Qualität kann je nach Jahrgang leicht schwanken, die Preise können je nach Verkaufsort variieren.

| Weinname | | ★ | ❶ | | |
|---|---|---|---|---|---|
| Riesling Qualitätswein trocken, Wittmann (S. 64) | frischer, gehaltvoller Riesling, fein und spritzig, gut eingebundene Säure | ★★★ | ❶ | 1 Jahr nach der Ernte, bleibt dann gut 5 Jahre frisch | Hausmacherwurst, Zwiebelkuchen, Handkäse, Hartkäse |
| Rheinhessen Silvaner Qualitätswein trocken, Michel-Pfannebecker (S. 59) | Melonen- und Birnenaroma, elegant | ★★ | ❶ | ein halbes Jahr nach der Ernte, dann 3 Jahre schöne Frische | Sommergemüse, Spargel, neue Kartoffeln, Grillsteak |
| Weißburgunder Qualitätswein trocken, Wagner-Stempel (S. 60) | erfrischender Sommerwein mit zarter Säure und dem Bukett grüner Birnen | ★★ | ❶ | im Frühjahr nach der Ernte, danach gut 3 Jahre | Sommersalate, Geflügel, Spargel |
| Riesling Kabinett, J. Strub (S. 70) | Zarter Duft nach weißem Pfirsich, filigran mit leichter Süße | ★★ | ❶ | im Frühjahr nach der Ernte, dann 3 Jahre frisch | Eierspeisen, asiatische Küche |
| Pettenthal Riesling Spätlese trocken, Gehring (S. 65) | Aprikose im Aroma, filigran und elegant | ★★★ | ❷ | 1 Jahr nach der Ernte bis 8 Jahre | Fisch, Geflügel, Hähnchen in Weißwein |
| Gewürztraminer Spätlese, Hirschhof Zimmer (S. 62) | zarter Rosenduft, zurückhaltende, erfrischende Art | ★★ | ❶ | ein Jahr nach der Ernte, dann mindestens 5 Jahre | Blauschimmelkäse, Münsterkäse, exotische Früchte |
| Huxelrebe Auslese, Schales (S. 63) | Goldgelb, Kräuterbukett, kräftige Säure | ★★ | ❶–❷ | gutes Potenzial, 10 Jahre ohne große Firne | Weinschaumcreme, Früchte mit Eis |
| Riesling Auslese, Heyl zu Herrnsheim (S. 65) | Petrolige Reife, mineralisch mit Honigton | ★★★ | ❷ | 2–8 Jahre nach der Ernte | Blauschimmelkäse, Sorbet |
| Ölberg Riesling Beerenauslese, St. Antony (S. 68) | Duft nach Honig, hochreif und edelsüß, tolles Potenzial | ★★★★★ | ❹ | braucht 6–7 Jahre zur optimalen Reife, 20 Jahre voller Genuss | Petits Fours, Tarte mit Marzipan |
| Dornfelder Qualitätswein trocken, Keth (S. 62) | Farbe wie Tinte, hohe Konzentration, weiche, reife Tannine | ★★★ | ❷ | ab 2 Jahre nach der Ernte optimal, mindestens 6 Jahre gut haltbar | zu Wild, Dippehas, kräftigen Fleischgerichten |

# *Gut einkaufen*

## IN RHEINHESSEN SELBST

**Beim Weinerzeuger**
An der Quelle selbst macht das Einkaufen sicher am meisten Spaß. Sie können vor Ort degustieren und diskutieren, in den Weingütern meist mit dem Winzer persönlich. Sie können sich in den Weinbergen und im Keller umsehen und erhalten so einen guten Eindruck des Betriebs.
In Rheinhessen ist Direkteinkauf praktisch fast überall möglich. Die Winzer sind an Kunden, die ab Hof kaufen, sogar sehr interessiert. Hier werden Sie bei vielen Weingütern preiswert einkaufen. Es gibt viele junge und ehrgeizige Neueinsteiger mit günstigen Ab-Hof-Konditionen. Auch die renommierten und bekannteren Gütern pflegen den Direktkontakt mit Privatkunden. Einige Winzer betreiben nebenbei Gutsschänken und Straußwirtschaften, wo zum Wein preiswerte Vespern angeboten werden. Günstige Übernachtungen in Gutshöfen und Pensionen sind fast in jedem Dorf bei rechtzeitiger Voranmeldung möglich.

**Auf Veranstaltungen und Präsentationen**
Önotheken und Fachhandlungen im Anbaugebiet sind rar. Dafür gibt es bei den zahlreichen Weinfesten, den Hoffesten einzelner Weingüter und auf regionalen Verkostungen gute Orientierungs- und Einkaufsmöglichkeiten. Den breitesten Überblick können Weinfreunde bei den Veranstaltungen gewinnen, die von regionalen Interessengemeinschaften oder der regionalen Werbegemeinschaft Rheinhessenwein e. V. ausgerichtet werden.

**Besonders empfehlenswerte Events**
Hoffest Vinnovativ der Guntersblumer Winzer, Stadecken-Elsheimer Weinkost, Weinkost Gau-Bischofsheim, Weinverkostung am Roten Hang in Nierstein, Weinforum Rheinhessen in Mainz (Adressen S. 77).

## IM WEINFACHHANDEL

**Im Weinfachgeschäft**
Fachhändler sind oft auf bestimmte Anbaugebiete und Weinländer im Sortiment spezialisiert. Rheinhessen ist ein Sonderfall: Früher galt die

**Beurteilung der Einkaufsquellen**

| Einkaufsquelle | Auswahl | Preise | Verkostung | Beratung | Service |
|---|---|---|---|---|---|
| Weingut, Erzeuger | minimal | normal | ideal möglich | sehr gut | gut |
| Veranstaltungen und Präsentationen | regional maximal | normal | beschränkt möglich | gut bis sehr gut | gut |
| Weinfachhandel | optimal auch im oberen Bereich | eher hoch | gut bis sehr gut möglich | gut bis sehr gut | sehr kulant |
| Weinversender | gut bis sehr gut | eher hoch | nur über Probebestellung | gut | sehr kulant |
| Verbrauchermarkt | sehr gut im unteren Preisbereich | günstig | kaum möglich, außer bei Aktionen | minimal | minimal |
| Messen | sehr unterschiedlich je nach Messe | normal | in der Regel gut möglich | normal bis sehr gut | normal |

Region unter den Spezialisten als Massengebiet mit billigen, pappsüßen Weinen. Heute wissen die Fachleute, dass sich in Rheinhessen viel verändert hat. Viele Einzelhändler entdecken Rheinhessen neu. Sie schätzen den preiswerten Einkauf moderner Rebsortenweine.
Auf S. 76 finden Sie einige Fachhändler, die sich besonders um ein qualifiziertes Angebot aus Rheinhessen bemühen. In jedem Fall ist ein Fachhändler sozusagen der verlängerte Arm des Winzers. Denn der Fachmann pflegt mit Sicherheit persönlichen Kontakt zu seinem Lieferanten und verfügt über Hintergrundinformationen über das Weingut und das Sortiment.

**Beim Weinversender**
Rheinhessen ist im Versandhandel der großen Anbieter kaum vertreten. Die großen Direktverkaufs-Unternehmen mit Vertretern führen liebliche Spätlesen und edelsüße Weine. Wegen der Provisionen müssen Sie aber mit teilweise satten Preisaufschlägen beim Einkauf rechnen.

**Auf Weinmessen**
Im Rummel und vor allem im leicht beschwipsten Zustand hat schon mancher übereilt gekauft. Wenn aber in Ruhe verkostet und verglichen werden kann und der Anbieter vernünftig berät, sind Messen als Einkaufsquellen durchaus empfehlenswert.

## IM LEBENSMITTELHANDEL

Rheinhessenwein ist im Lebensmittelhandel sehr breit vertreten, allerdings muss man unterscheiden zwischen der billigen, süßen Massenware und den guten und preiswerten Rebsortenweinen aus der Region. Gut sortiert oder günstig: Discounter: Aldi, penny, Lidl; Supermärkte: HL, minimal, eurospar, Kaiser's; Kaufhäuser: Karstadt, Kaufhof, Hertie und große Warenhäuser: Wal-mart, Kaufland, Magnet, grosso, toom, real, Globus.
Detaillierte Informationen über den Einkauf von Wein finden Sie im Vinoteca-Band »Einkaufs-Guide Wein«.

## FRAGEN AN DEN VERKÄUFER

Dank diesem Buch wissen Sie nun bestens Bescheid über Rebsorten, Weintypologie, Weinzonen und Jahrgänge der rheinhessischen Weine. Ihr Verkäufer kann Ihnen aber noch detailliertere Informationen zu einzelnen Produzenten und ihren Weinen vermitteln.

- Zu den Rebsorten: Welche sind zu welchen Anteilen in diesem Wein enthalten, sofern dies nicht auf dem Etikett vermerkt ist? (S. 16ff.)
- Was ist spezifisch für das Terroir des Betriebs, für Kulturform und die Pflanzdichte der Reben? (S. 20f.)
- Zur Ernte: Wurden die Trauben handgelesen oder maschinell geerntet? (S. 22)
- Zur Weinbereitung: Wie lange dauern Maischezeit und Vergärung? (S. 25)
- Zum Ausbau: Wie lange war der Wein im Tank, im Holzfass oder in der Barrique? (S. 24)
- Zum Produzenten: Wie groß ist der Betrieb? Wie alt ist er? Welches ist der Werdegang des Winzers, wer sind seine Berater (Önologen)? (S. 54ff.)
- Zum Jahrgang: Gab es beim Erzeuger Besonderheiten in diesem Jahr? (S. 29)
- Zum Wein: Was sind die Charakteristiken und zu welchen Gerichten empfiehlt er sich? (S. 52)
- Zur Lagerfähigkeit: Wann ist die optimale Trinkreife erreicht? Wie viele Jahre kann er maximal gelagert werden? (S. 29)

# *Klug einkellern: rheinhessische Weine*

Auf dieser Seite vermitteln wir Ihnen einige Anregungen und Ratschläge für den Einkauf rheinhessischer Weine. Das Angebot dieser Region zeichnet sich durch ein besonders günstiges Preis-Wert-Verhältnis aus. Es lohnt sich, einen kleinen Vorrat oder eine eigene Abteilung in Ihrem Weinkeller anzulegen. Zuvor ein paar Sätze zur Lagerung: Wein soll bei gleichmäßig kühler Temperatur – ideal: 10 °C – 12 °C, lieber 18 °C konstant statt zwischen 2 °C und 32 °C schwankend – gelagert werden; fern von Chemikalien, Auspuffgasen oder Heizkesseln. Die Flaschen werden liegend gelagert, damit der Kork mit dem Wein in Kontakt bleibt und nicht austrocknet.

### Zur Einkaufsplanung

Am besten legen Sie sich einen Einkaufs- oder Einlagerungsplan zurecht. Anhand des kleinen Schemas unten können Sie dann Ihren Jahresbedarf an Flaschen und das erforderliche Budget abschätzen. Kreuzen Sie bei jedem Punkt im Schema an, was für Sie zutrifft, und setzen Sie in der letzten Spalte die über den Spalten genannten Punktzahlen ein:

| | 3 | 2 | 1 | Punkte |
|---|---|---|---|---|
| Stellenwert von Rheinhessen | hoch | mittel | gering | |
| eigene Lagermöglichkeiten | ideal | beschränkt | gering | |
| Weinkonsum pro Woche | mehr als 5 Fl. | bis 5 Flaschen | bis 2 Flaschen | |
| Punkte insgesamt | | | | |

Entsprechend der Punktzahl haben wir einige Vorschläge für Sie ausgearbeitet, die Sie natürlich noch ganz nach Ihren eigenen Vorlieben und Bedürfnissen variieren können.
Vorschläge zu den Weinen finden Sie in unserem Guide zu Gütern und Weinen ab S. 54.

### 8–9 Punkte

Sie sind ein ausgesprochener Weinfreak und schätzen die Weine Rheinhessens sehr. Für Sie kommt nur das Beste infrage. Richten Sie in Ihrem Weinkeller eine Ecke dafür ein und pflegen Sie diesen Vorrat. Mit 1000 bis 1500 DM/ 500 bis 750 € müssen Sie dabei rechnen. Unser Einkaufsvorschlag:

| | |
|---|---|
| 24 Flaschen einfacher Riesling ❶ | DM 170,– |
| 12 Flaschen Rheinhessen Silvaner ❶ | DM 100,– |
| 12 Flaschen Portugieser ❶ | DM 90,– |
| 18 Flaschen Weißburgunder Spätlese trocken ❶–❷ | DM 200,– |
| 12 Flaschen Dornfelder ❶–❷ | DM 120,– |
| 12 Flaschen Riesling Auslese ❷ | DM 200,– |
| 12 Flaschen Spätburgunder ❷ | DM 240,– |
| 6 halbe Flaschen Huxelrebe Trockenbeerenauslese ❷–❸ | DM 150,– |
| 2 Flaschen Riesling Eiswein❺ | DM 120,– |
| 110 Flaschen total | DM 1360,– |

### 5–7 Punkte

Sie haben viel übrig für die Weine aus Rheinhessen. Sie sollten einen schönen Querschnitt an Gewächsen im Vorrat haben. Rechnen Sie mit ca. 500 DM/250 €.

| | |
|---|---|
| 12 Flaschen Silvaner ❶–❷ | DM 120,– |
| 12 Flaschen Riesling Spätlese ❷ | DM 140,– |
| 6 Flaschen Spätburgunder ❷ | DM 120,– |
| 6 Flaschen Riesling Auslese ❷ | DM 120,– |
| 36 Flaschen total | DM 500,– |

### 3–4 Punkte

Rheinhessen ist für Sie ein Weingebiet unter vielen. Sie werden sich also einige schöne Flaschen bereithalten und wann immer Sie die Lust haben, eine davon entkorken. Rechnen Sie mit einem Budget von gut 200 DM/100 €.

| | |
|---|---|
| 6 Flaschen Silvaner ❶–❷ | DM 60,– |
| 6 Flaschen Weißburgunder Spätlese ❷ | DM 100,– |
| 3 Flaschen Riesling Auslese ❷ | DM 60,– |
| 15 Flaschen total | DM 220,– |

# *Richtig servieren*

Gläser machen Weine, sagt man nicht zu Unrecht. Ein einfacher Tropfen schmeckt besser aus einem schönen Glas und ein kostbares Gewächs kommt in einem Kelch besser zur Geltung.
Gute Weingläser haben Tulpenform. Sie werden nur zu einem Drittel gefüllt, damit sich im verjüngenden Hohlraum oben das Bukett sammeln kann. Je komplexer und hochklassiger ein Wein ist, desto voluminöser sollte das Weinglas sein. Hier sehen Sie drei gute Beispiele für rheinhessische Weine. Links ein stilvolles Glas für rassige, frische Weißweine wie Riesling oder Weißburgunder Kabinett. In der Mitte ein einfaches, aber zweckmäßiges Glas für Weine des Alltags, z. B. für rustikale Weine in der Literflasche. Rechts ein voluminöses Glas für feurige Spätburgunder.

Achten Sie auf die richtige Ausschanktemperatur. Die Tabelle unten gibt Auskunft. Zu kühl ist in jedem Fall besser als zu warm. Bei Zimmertemperatur, die ja meist über 20 °C liegt, erwärmen sich die Weine im Glas rasch und die Trinktemperatur steigt schnell um einige Grad an.

| | |
|---|---|
| 8 – 10 °C | Weißweine |
| 10 – 12 °C | Weißherbst und Rosé |
| 12 – 14 °C | einfache Rotweine |
| 14 – 16 °C | gehaltvolle Rotweine |

Dieser schlanke Kelch ist ein gutes Weißweinglas.

Ein einfacher Glastyp für rote und weiße Alltagsweine.

Dieser voluminöse Kelch wird edlen, kräftigen Rotweinen gerecht.

## BEZUGSQUELLEN

**Weinfach- und Weinversandgeschäfte mit reichhaltigem Rheinhessen-Sortiment:**

52064 Aachen, Der Weinkeller
Tel. 02 41/2 45 95
12101 Berlin, Il Cantiniere Weinhandlung Wegehaupt
Tel. 0 30/7 86 60 56
10789 Berlin, KaDeWe
Tel. 0 30/2 12 10
01468 Boxdorf, Der Weinladen
Tel. + Fax 03 51/4 60 90 76
49565 Bramsche, Wein-Kohlhoff
Tel. 0 54 61/6 53 60
28195 Bremen, Bremer Ratskeller
Tel. 04 21/32 16 76
28209 Bremen, Vinum Weinhandel
Tel. 04 21/3 47 90 94
28203 Bremen, Wein Bennecke jun.
Tel. 04 21/7 29 26
21244 Buchholz, Wein-Galerie Wellner
Tel. 0 41 81/3 41 56, Fax 3 03 45
21614 Buxtehude, Weinhaus Seitz
Tel. 0 61 41/39 80
06844 Dessau, Delikatessen Gödecke
Tel. 03 40/2 21 45 40
32756 Detmold, Stadthaus & Weine und Accessoires
Tel. 0 52 31/30 07 31
40233 Düsseldorf, Der Weinladen
Tel. 02 11/6 67 55 07
33332 Gütersloh, Schenke Delikatessen
Tel. 0 52 41/9 51 30
22415 Hamburg, Weinhaus am Stadtrand
Tel. 0 40/5 31 63 47
30163 Hannover, Wingert Weinhandel
Tel. 05 11/62 03 88
85551 Heimstetten, Weinhaus Wagner
Tel. 0 89/78 68 42
32052 Herford, Herforder Weinhaus
Tel. 0 52 21/5 81 61
45699 Herten, Weinkontor Herten
Tel. 0 23 66/3 70 20
65510 Idstein, Der Weinladen
Tel. 0 61 26/5 74 53, Fax 88 57
25524 Itzehoe, Historisches Weinhaus Heinrich Pfingsten GmbH
Tel. 0 48 21/22 87
24105 Kiel, Martin's Weindepot – Gerhard Kasan
Tel. 04 31/8 57 76
90491 Nürnberg, Magin's Wein & Sekt
Tel. 09 11/5 97 84 15
45659 Recklinghausen, Weingarten
Tel. 0 23 61/10 88 77
29640 Schneverdingen, Brockmann
Tel. 0 51 93/9 91 50
91126 Schwabach, Vinothek La Cave
Tel. 0 91 22/1 49 38
94315 Straubing, Primeur – Weine & Feinkost
Tel. 0 94 21/8 12 74
25436 Uetersen, D. A. Cords Söhne
Tel. 0 41 22/70 44
27283 Verden, Der Weinladen
Tel. 0 42 31/56 57
68519 Viernheim, Vinothek in der Mühle
Tel. 0 62 04/37 93
49492 Westerkappeln, Weinselection Fartmann
Tel. 0 54 04/30 44

**Lebensmittelhändler mit einem breiten Rheinhessenwein-Angebot** gibt es viele. Als größtes deutsches Erzeugergebiet ist Rheinhessen in den Weinregalen aller Geschäfte vertreten. Meistens findet man im Rheinhessen-Angebot aber einfache, oft lieblich-süße und sehr preiswerte Weine. Doch die Lieferanten bieten inzwischen aus Rheinhessen auch ein großes Programm mit halbtrockenen und trockenen weißen Rebsortenweinen sowie ansprechende Weißherbste und Roséweine wie auch Rotweine, z. B. Dornfelder trocken.

Weitere Bezugsquellen finden Sie im Internet unter der Adresse: www.vinoteca.falken.de

## ADRESSEN FUR WEININFORMATIONEN

Rheinhessenwein e. V.
An der Brunnenstube 33
55120 Mainz
Tel. 0 61 31/9 96 80

Rheinhessen-Information
Wilhelm-von-Erlanger-Str. 100
55218 Ingelheim
Tel. 0 61 32/78 75 65, Fax 78 75 60

Bioland, Verband für organisch-biologischen Landbau e. V.
Kaiserstr. 18
55116 Mainz
Tel. 0 61 31/23 97 90, Fax 23 99 27

Ecovin, Bundesverband ökologischer Weinbau e. V.
Zuckerberg 19
55276 Oppenheim
Tel. 0 61 33/16 40, Fax 16 09

## VERANSTALTUNGEN/EVENTS

April: RS-Premiere Vorstellung des neuen Jahrgangs von Rheinhessen Silvaner (RS) zum Auftakt der Spargelzeit
Mai: Sektfest am Höfchen in Mainz
Juni: Weinpräsentation am Roten Hang in Nierstein, Verkostung von Weinen, dort wo sie wachsen, mit kulinarischen Spezialitäten
Stadecker Sektvergnügen: Winzersekt-Fest in den Weinbergen rund um die Stadecker Warte vor den Toren von Mainz mit Speisen und Musik
September: Tage der offenen Winzerhöfe und Weinkeller in Nierstein
Oktober: Weinforum Rheinhessen mit über 100 prämierten Weinen und Winzersekten im Museum für antike Schifffahrt in Mainz
November: Gau-Bischofsheimer Weinkost (große Verkostung mit Weinen, Sekten und Bränden der Winzer von Gau-Bischofsheim)
Weinkost Stadecken-Elsheim (offene Verkostung mit über 200 Weinen, Sekten und Bränden in der Selztalhalle von Stadecken-Elsheim)
Juni bis Oktober: jedes Wochenende Weinfeste in den Dörfern Rheinhessens. Termine bei Rheinhessenwein e. V. oder Rheinhessen-Information

## SONSTIGES

Urlaub beim Rheinhessenwinzer
Broschüre mit individuellen Angeboten in Weingütern wie Obstführung mit Obstbrandprobe, Kräuterwanderung in der Rheinhessischen Schweiz, Radwandern in Rheinhessen
Infos: Rheinhessen-Information oder Interessengemeinschaft Urlaub beim Rheinhessenwinzer, SLVA Oppenheim,
Wormser Str. 111, Tel. 0 61 33/93 01 78

Genuss für Leib und Seele. Weinproben beim Winzer und Einkaufen auf dem Bauernhof
Broschüre von Rheinhessen-Information

Vinobel: Hoffeste, Kulinarien und Festspiele in Rheinhessen
Broschüre von Rheinhessen-Information

## MUSEEN

Eine kleine Auswahl
Gutenberg-Museum, Liebfrauplatz 5,
55116 Mainz, Tel. 0 61 31/12 26 40 44
Deutsches Weinbaumuseum
Wormser Str. 49, 55276 Oppenheim
Tel. 0 61 33/25 44
Römisch-Germanisches Zentralmuseum.
Kurfürstliches Schloss, Große Bleiche,
55116 Mainz, Tel. 0 61 31/23 22 31
Paläontologisches Museum
Marktplatz, 55283 Nierstein,
Tel. 0 61 33/5 83 12

## INDEX

Im FALKEN Verlag sind zahlreiche Titel zum Thema »Wein« erschienen. Sie finden sie überall dort, wo es Bücher gibt.

Sie finden uns im Internet:
www.falken.de und www.vinoteca.falken.de

Dieses Buch wurde auf chlorfrei gebleichtem und säurefreiem Papier gedruckt.

Der Text dieses Buches entspricht den Regeln der neuen deutschen Rechtschreibung.

Wir danken Frau Meike Schygulla für ihre Hilfe.

ISBN 3 8068 7481 6



Umschlaggestaltung: Peter Udo Pinzer
Konzept: Dr. Gerhard Kebbel
Redaktion: Ulrich Schweizer, Dr. Dietrich Voorgang, Marion Rupp
Producing: Hepfinger: De[sign], Freising
Umschlagfoto: Fotografie Friedemann Rink/Susa Kleeberg, Naurod
Fotos und Illustrationen im Innenteil: Vinum, das internationale Weinmagazin; Deutsches Weininstitut (DWI/Hartmann, DWI/Dieth, DWI/Kämper); Rheinhessenweine e. V. Mainz; Rheinhessen-Information, Ingelheim; Stadtverwaltung Ingelheim (S. 39); Dieth + Schröder Fotografie, St. Johann (S. 6); Armin Faber, Düsseldorf (S. 34, 40); FALKEN Archiv, Niedernhausen
Grafiken und Karten: Ruedi d'Orsini, Freising



Satz: sablNe vogt dtp, Freising
Litho: Brennerstudio, München
Druck: Druckerei Uhl, Radolfzell

817 2635 4453 6271